百年香港慶典盛事

FESTIVALS AND CELEBRATIONS IN HONG KONG OVER A CENTURY

鄭寶鴻 編著

目錄

代序　韋基舜

作者序

二戰前的慶典盛事　8

由1841年開埠，至1941年淪陷，一百年間香港經歷了英國皇室數代君王的更替，亦經歷中國由滿清過渡至民國政府。期間盛事慶祝手法東西夾雜，非常有特色。

二戰前的中國傳統節慶　80

香港社會的中國傳統節慶未因統治者的改變而被打壓，反而在相對安定的社會環境中，變得更有聲有色。

民間風俗、習慣　104

香港雖然夾雜東西方的民間風俗、習慣，卻不會互相排斥，真正做到中西共融。

第四章

日治時代的慶典節日　　112

三年零八個月的日治時期，日軍一方面向香港施以強暴的軍事鎮壓，一方面卻植入日本的傳統節慶，以締造歌舞昇平的景象。

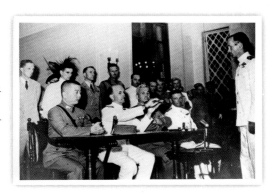

第五章

和平後的慶典　　120

二戰後的香港飛躍成長，而隨著英國皇室人員、政要，以至國際知名人士的陸續到訪，令香港成為名副其實的「盛事之都」。

第六章

二戰後的中國傳統節慶　　174

戰後初期香港百廢待興，但市民慶祝節日的興致，與戰前相比，不徨多讓。由農曆正月至十二月，每月都有特色節日全城同慶。

第七章

工展會今昔　　202

早期名為「國貨展覽會」的工展會，於每年的聖誕節前後舉辦，為一展覽和購物嘉年華，吸引到數以百萬計的市民參觀。

資料來源

〈循環日報〉1874-1889年
〈華字日報〉1895-1941年
〈星島日報〉1938-1965年
〈華僑日報〉1940-1946年
〈香江冷月：香港的日治時代〉 鄭寶鴻 著
2006年 香港大學美術博物館

鳴謝

（以下排名不分先後）
韋基舜先生
吳貴龍先生
陳創楚先生
香港大學圖書館
德成置業有限公司

歲月流金

上世紀日軍侵華,爆發中日戰爭,不少內地居民移居香港,迴避戰火蹂躪。

近百年來,在世界及中國各種事件影響下,本港入境移民激增,從戰前之八十萬人口,如今劇增至八百萬人。隨着人口增加、社會之變化發展,昔日一些風俗習慣亦已流失。然而,中國人德性慎終追遠,最近,有些人掀起一股懷舊風。不單只新移民欲知爐峰舊事;縱是香港原民,也樂於重溫自己生於斯長於斯之故土舊事、舊貌。

摯友鄭寶鴻兄,為友輩中,搜集香港典故、舊照片最多之一人,曾先後出版巨著《百年香港中式飲食》及《百年香港華人娛樂》,好評如潮。今再接再厲,把香港開埠以來至上世紀七、八十年代經歷之慶典盛事,精選幾十年珍藏,彙編出版新著《百年香港慶典盛事》;詳述百多年來在香港舉行的「中國及世界大事慶典」、「英國皇室慶典」、「中國傳統節慶」、及「民間風俗、習慣」等等,圖文並茂,可讀性甚高,老幼咸宜,為不可多得之懷舊文獻。

韋基舜 識
資深傳媒人
甲午、初夏

▲ 1935年，喬治五世登位銀禧慶祝的舞龍表演，地點為皇后大道東。

初懂事時，印象深刻的是1953年伊利沙伯二世女皇加冕，學校掛有慶祝裝飾，並派發印有「天佑女皇」等字及皇冠的金屬杯套和搪瓷漱口盅。期待已久的會景巡遊，因人群擠迫幾乎甚麼也看不到，只有趁熱鬧的份兒。但是仍可見到皇后像廣場，以及中區各大建築物的璀璨加冕燈飾，還有豎立於各區街道上的中國式牌樓。

俟後，經歷多次慶典和盛事，如皇夫、女皇、皇室成員及各國政要訪港，但總較加冕慶典遜色。市民情緒較高漲的是1969年第一屆的香港節慶祝。

據多位前輩描述，最為哄動的香港慶典，是1935年英皇喬治五世登位二十五周年銀禧的日夜「出會」。除金銀龍、夜龍、飄色、雜技表演外，還有不少「幾可亂真」的佛山「像生」物品（如用涼粉製成塘虱魚等）。銀禧慶典亦吸引大量內地人士來港觀賞，交通工具及各大小酒店客棧，全告客滿。

對於傳統節日的慶祝和祭祀，早期亦十分隆重，除端陽競渡外，還有中秋節巡

遊。七夕、盂蘭醮會、重九，以及多個神誕，市民皆熱烈慶祝及參與。至於歲晚及新年，更為重視。

另一盛事為每年舉辦一次的「購物嘉年華」工展會，設於十多條「街」的數百個精心裝潢攤位，售賣和陳列不同的產品，在五光十色的燈光照耀下，加上美艷的工展小姐，目不暇給。

前輩們的娓娓道來，在下十分神往，引起作進一步探求的興趣。於是致力查看報章資料，並蒐集有關的物品和圖片。

整理之下，興味盎然，仿如走進「時光隧道」跨越時空，重溫1953年女皇加冕的景象、1935年英皇喬治五世登位銀禧慶祝的盛況；甚至回到十九世紀，一睹維多利亞女皇時代的香港風貌。滿足及「過癮」的心情，非筆墨能形容者。

最高興的是經緯文化的馮家偉先生及黃慶雄先生，首肯將這些資料結集成書。亦蒙前輩韋基舜先生賜序，深感榮幸。此外，亦得到吳貴龍先生、陳創楚先生以及德成置業有限公司借出珍貴圖片、相關資料和物品，使此拙著內容得以充實，在此一併表示衷心的謝意。

鄭寶鴻 謹識

二零一四年五月

第一章

二戰前的慶典盛事

1869年
愛丁堡公爵訪港

▲ 公爵訪港時的皇后大道中。正中是雲咸街與德忌笠街之間的第一代香港會所,右方的香港大藥房(所在現為興瑋大廈),皆懸掛歡迎裝飾。

香港自1841年開埠以來,第一次較盛大的慶典是歡迎自英乘船蒞港、為第一代大會堂揭幕、被封為愛丁堡公爵的英國阿佛烈皇子。

該座大會堂位於現時舊中國銀行及部份匯豐銀行的地段,於1867年2月23日奠基興建。1869年落成時,由蒞港的公爵主持儀式,他於11月2日在畢打碼頭官式登陸。中外各界人士熱烈歡迎,全港瀰漫著一片節日氣氛。華人在太平山區街市街(普慶坊)的同慶戲園設宴款待,並上演粵劇以娛貴賓。

▲ 同一地段的夜景。

公爵訪港期間亦出席多項活動，包括行人、馬車及轎子等在內的交通路線，都作出臨時特別安排。大會堂為歡迎活動的中心點。大會堂位於皇后大道中的一端，有一座由顛地洋行主人捐建的噴水池，於1932年連同大會堂被拆卸。

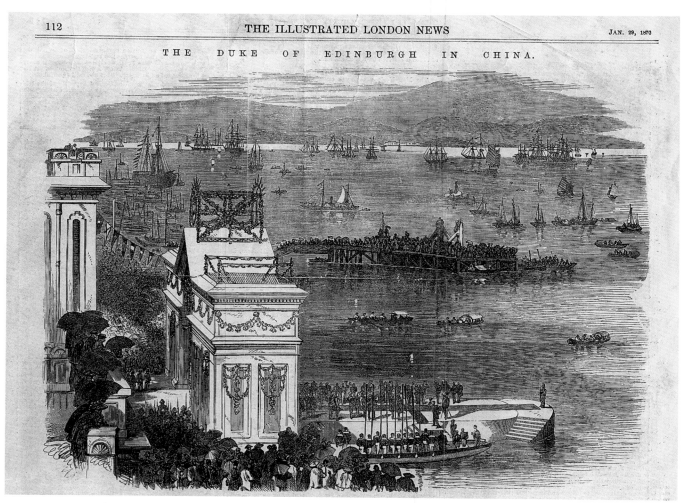

THE ILLUSTRATED LONDON NEWS

THE DUKE OF EDINBURGH IN CHINA.

▲ 1869年11月2日，愛丁堡公爵在海旁中（德輔道中）與畢打街交界之畢打碼頭官式登陸的情景。

綴滿歡迎公爵的中國式裝飾及綵門，西洋風月區麟核士街（擺花街）。

約1885年的中環海旁。左方位於砵典乍街與中國街（現萬宜里）的屋宇，現為萬宜大廈。帆船右方的宏偉大樓是鐵行輪船公司。帆船後方及其左右兩邊的屋宇即將拆卸，以開闢域多利皇后街及租庇利街，和改建中環街市。(吳貴龍先生提供)

1887年
維多利亞女皇登基金禧紀念

No. 265. The Central Market Hongkong.

▲ 1895年重建落成，面向德輔道中的中環街市，約1930年。其左右兩方為開闢成於1887年的域多利皇后街及租庇利街。

為慶祝1887年維多利亞女皇登基（或稱登位）五十周年金禧，當局將中環街市東西鄰部份屋樓拆平，以開闢「域多利皇后（Queen Victoria）街」及「租庇利（Jubilee）街」（英文原意是：維多利亞女皇登基慶典）。而原來位於街市前後的部份樓宇，連同街市於1890年一併拆卸，以建一座龐大的新街市，於1895年落成。新街市再於1939年被改建為現時的中環街市。

乘坐八人大橋的公爵。

干諾公爵一行人在畢打碼頭登陸時情景，1890年。

1890年
干諾公爵訪港

1889年，由富商遮打爵士提議，從美利道海軍船塢旁起，直至石塘咀煤氣廠一帶的中西區龐大填海工程，開始進行。奠基儀式於1890年4月2日，由訪港的英皇子干諾（早期譯作康樂）公爵及夫人主持，該填海基石現置於遮打花園。

該段範圍長兩英里，共六十五英畝土地的填海計劃約於1900年完成後，新闢了干諾（早期亦曾名為康樂）道中及西，以及位於中區的遮打道。1902年，一座干諾公爵銅像置於皇后像廣場，後來被遷往干諾道中與畢打街交界。

1907年，干諾公爵及夫人再度訪港，於2月14日被安排往新界遊覽。東華醫院亦安排包括蓋搭牌樓等歡迎儀式。

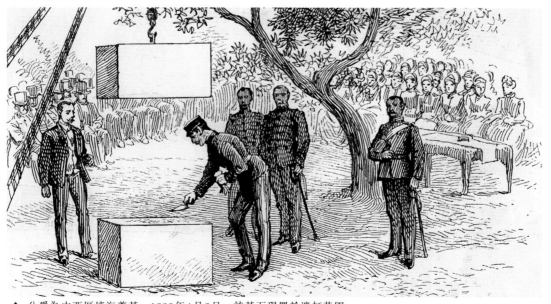

▲ 公爵為中西區填海奠基，1890年4月2日，該基石現置於遮打花園。

Hongkong　　　　Unveiling of the Duke of Connaught's Statue

▲ 1902年，在皇后像廣場，為干諾公爵像進行揭幕（開光）的
儀式，背後為香港會所。

▲ 後來置於干諾道中與畢打街交界的干諾公爵像，攝於
1919年慶祝歐戰和平期間，右方為郵政總局。

*1891*年
香港開埠五十周年

1891年為香港開埠五十周年,當局於2月1日起,舉行盛大慶祝儀式。

一座龐大的牌樓,蓋搭於寶靈海旁中,剛填海獲致的新填地上,所在現為環球大廈。牌樓上懸有英國旗,並張燈結綵,十分輝煌。寶靈海旁中於填海完成後,改名為德輔道中。

當年的1月22日,郵局發行一枚紀念郵票,用通用的洋紅色二仙郵票,加印「1841 Hong Kong Jubilee 1891」字樣。這種加印紀念郵票,為世界首創,而印量只五萬枚,瞬即被「炒」至每枚二十仙。大量人士擠迫於全港九唯一一間的郵政總局(所在現為華人行)內,導致三人死亡,多人受傷。由於慘劇的發生,使到郵政局一直不發行紀念郵票,迄至1935年英皇喬治五世銀禧時為止。

▲ 慶典牌樓的另一景色。

▲ 設於中區新填地，現德輔道中環球大廈所在的開埠金禧慶典牌樓，1891年1月。

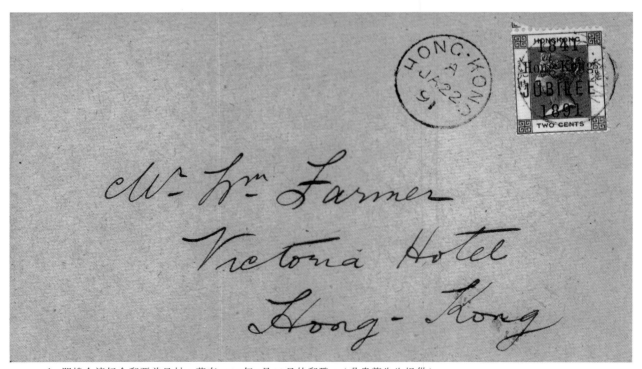

▲ 開埠金禧紀念郵票首日封，蓋有1891年1月22日的郵戳。（吳貴龍先生提供）

約1890年的畢打街。右邊第二座兩層高屋宇是發售紀念郵票的郵政總局。（吳貴龍先生提供）

1897年
維多利亞女皇登基鑽禧紀念

為慶祝維多利亞女皇1897年登基六十周年鑽禧，港府於1896年在中區新填海地段
上，建成一座皇后像廣場。在廣場中心點的遮打道的正中，建有一花崗石寶亭，內
置一維多利亞女皇銅像。廣場範圍內匯豐銀行對開處，有一條獲利街 (Wardley
Street)。落成儀式舉行時，大量軍警在廣場列隊行禮致敬。

▲ 1896年皇后像廣場落成時的盛大場面。左方的花崗石寶亭內置維多利亞女皇像，右方為一年後落成的第二代
香港會所。

▲ 位於遮打道正中的皇后像及寶亭。正中為太子行,右方的皇后行現為文華酒店。

1897年2月,本港商民以英皇大慶為由,請求當局取消1843年起實施的「夜燈夜照」條例——該條例規定,由午夜十二時起至凌晨為止,在街上往來須攜一燃點之燈籠及夜行執照;惟要到同年6月,才告取消。俟後,酒館食肆之夜市,以及風月區,趨於熱鬧。

鑽禧慶祝項目亦包括在山頂白加道,興建一間維多利亞婦孺醫院,以及開闢一條由堅尼地城至香港仔的維多利亞慶典路,皆於1903年落成。醫院於1937年瑪麗醫院落成後停止運作,維多利亞慶典路則於1903年易名域多利道。

1897年6月,各界在督轅呈獻對女皇的頌詞和表軸,水陸兩軍在跑馬場操演,華人舉辦賽龍,夜後並大放煙花,以資慶祝。

與此同時,警察總監梅軒利(1912年至1919年任港督),卻帶隊往上環太平山區,大舉掃蕩非法賭檔,檢獲帳冊中,揭發多名中西警務人員有關連,事後,多人被革職。

◀ 1897年維多利亞女皇登位鑽禧，慶祝
期間的皇后大道中，由利源東街向東
望。可見畢打街鐘塔。

1901年 愛德華七世登基

1901年2月2日，維多利亞女皇逝世，由儲君愛德華七世繼位。

而為慶祝愛德華七世加冕，本港放假兩天，並舉行下列慶祝活動：

1 在聖約翰教堂及羅馬堂（天主教總堂）祝禱。

2 於6月21日，在皇后像附近，舉行干諾公爵銅像之開光（落成大典）禮。

3 在黃泥涌（馬場）閱兵。

4 在中環街市前海旁（現恒生銀行所在）舉行華人賽花會（花卉展覽）。

5 為「皇圃」(1950年代易名為「京士柏」) 地區開闢行動土禮。

6 在晚上九時，燃點燈火，民居行店均請響應張燈助興。

7 晚上九至十一時，在新臬署（高等法院，1985年起改為立法局）地盤放煙花。

8 派出魚燈巡遊街道，由皇后像廣場至皇后大道東。海面演放火箭。

9 頒贈加冕賞牌（勳章）。

又連日在街上蓋搭棚房（牌樓），懸燈擺花助興。此外，火船「寶華號」供人遊河賞煙花，有生果餅食及荷蘭水（汽水）供應。

當局又將加士居道與羅便臣道（彌敦道）間，一座山崗以北的一段道路，定名為「加冕

▲ 面向滙豐銀行的前總司理昃臣爵士銅像，約1924年。左方為亞力山打皇后像。

道」。1926年，山崗被夷平後，加冕道亦被合併為彌敦道。

1905年，遮打爵士提出，皇后像廣場除維多利亞女皇像外，應再建豎英皇愛德華七世及皇后，以及皇儲（喬治五世）及太子妃之銅像。

皇后像廣場東端的一段屬於港府，而西端，即接近太子行的一段，則為上海滙豐銀行之花園，範圍包括「獲利街」。於1932年第一代大會堂被拆卸後，獲利街被移往滙豐與舊中國銀行之間，約於1970年易名為銀行街。

1906年2月24日，滙豐銀行開完股東年會後，即在該行位於皇后像廣場之花園，為該行前總司理昃臣男爵銅像行揭幕禮，由港督彌敦主持。1902年離任的昃臣，在其管理下，滙豐成為當時最有勢力銀行之一，他於1915年逝世。

與此同時，愛德華七世銅像亦在皇后像廣場豎立。到了1909年11月，其皇后亞力山打的銅像亦豎立。同時，由西商摩地捐送之威爾斯皇儲，及太子妃（瑪麗皇后）的銅像亦運抵港，同於11月25日置放。儀式由港督主持。1920年代，前港督梅軒利的銅像亦置於廣場。

1909年11月25日，亦為英皇愛德華七世六十八歲壽辰，督轅設跳舞筵宴（餐舞會）以慶祝，放假一天，各戰艦鳴炮致賀。

可是，到了半年後的1910年5月13日，英皇愛德華七世逝世。撫華道（華民政務司）議定，港中各商店均須懸掛黑色燈籠，圖章改用藍色，以四十九日為期。

5月20日為奉安日，大小商店，酒樓，妓館，須一律閉歇（停業）一天，以表哀思。各紳商如何成服（改穿素服或孝服）則無規定，但5月27日為釋服（不再穿孝服）之期。

澳門各衙署亦守喪制三十日，大服（重孝服）十五日，小服（孝服）十五日。

▲ 即將落成，位於干諾道中與畢打街間的第三代郵政總局，正值1911年6月慶祝英皇喬治五世加冕期間，滿綴加冕慶典裝飾。（吳貴龍先生提供）

▲ 1902年，英皇愛德華七世加冕，巡遊舞龍抵達中環街市前的皇后大道中。正和堂的右端是閣麟街。

1910年
喬治五世登基

皇位由威爾斯皇儲繼承,為英皇喬治五世,於1910年5月9日登基。而加冕儀式則於一年後的6月22日舉行。

在加冕之前,香港各處大事裝飾、佈置,各大小船艇,皆懸紅燈或日本紅燈,當局亦要求各店鋪及住户懸紅燈以助興。山上直路盧吉道之燈則用紅紙遮掩,晚上則燃放日本煙花,各艦隻則鳴炮。同時有火龍在海面巡行。

中上環多處搭建牌樓,每座皆附設八音一檔,及懸掛紙花和紗燈,亦附有公仔及生花燈飾者。

石塘咀各酒樓遍懸旗幟,各妓院亦裝飾以生花、彩門及對聯,而以月勝樓妓院之對聯為最佳妙。

加冕夜及翌晚一連兩晚,港島有魚燈在港島巡遊,路線如下:

▲ 由皇后大道中181號向西望,1911年6月。兩座喬治五世加冕牌樓橫跨的是文咸東街(右),及乍畏街(蘇杭街,左)。

▲ 1919年的皇后像廣場。左右兩方可見愛德華七世及其皇后亞力山打的銅像,背後為高等法院。

第一晚: 由鵝頸橋出發,經摩理臣山道、灣仔道、皇后大道東、大道中、五號差館水車館、文咸街、永樂街、水坑口街、荷李活道、依利近街、堅道、雅賓利道、兵頭花園、花園道、下亞厘畢道、雲咸街、荷李活道、擺花街、威靈頓西街、皇后大道中、永樂西街、文咸東街、乍畏街、永勝街、永樂東街、摩利臣街舊船政廳(上環郵局)、德輔道中、畢打街大鐘樓、皇后大道中、皇后大道東(金鐘道)、海旁東(莊士敦道及軒尼詩道)至鵝頸橋。

第二晚: 由鵝頸橋起馬(出發),經摩理臣山道、灣仔道、皇后大道東、大道中、畢打街大鐘樓、德輔道中、摩利臣街舊船政廳、文咸中街(十王殿廣場)、文咸西街(南北行街)、德輔道西(鹹魚欄)、石塘咀尾、皇后大道西、水坑口街、荷李活道、西街、太平山街、磅巷、西摩道、炮台道(衛城道)、堅道、亞畢諾道、荷李活道、擺花街、威靈頓東街、德己立街、皇后大道中、皇后大道東而至鵝頸橋。

出席港督府慶典之紳商,一律要穿小褂禮服。

31

▲ 1919年的皇后像廣場。正中為第二代滙豐銀行，右方為第一代太子行。

1922年
愛德華皇子訪港

1922年4月6日，英皇儲愛德華皇子抵港訪問，在卜公碼頭登陸。港府舉行盛大的歡迎儀式，並在皇后像廣場蓋搭一座皇子專用的「行宮」。

皇子在港的活動包括閱兵、在銅鑼灣打馬球、為聖士提反女子中學奠基，並巡視九龍，途經一條以他命名的新闢成之英皇子道（太子道）。華人團體在太平戲園宴請皇儲，宴後，招待皇儲觀賞寰球樂戲班之粵劇〈蝴蝶夢〉。

▲ 在畢打街前干諾道中，由左方的卜公碼頭官式登陸的愛德華皇儲，正接受敬禮，背後為雪廠街口的天星碼頭。

▲ 乘坐八人大橋前往港督府的愛德華皇儲，右方為港督司徒拔。1922年4月6日的干諾道中。

12 Night Scenery of Queen's Statue on the Nights of H R.H. The Prince of Wales Visit of Hongkong.

▲ 1922年4月6日的皇后廣場的夜景，右方為臨時蓋搭供皇儲專用的「行宮」。

▶ 1922年4月，皇儲訪港期間，由昭隆街東望德輔道中。左方為郵政總局及亞力山打行，右方有多面旗幟的是惠羅百貨公司。

No. 12　Welcome Celebration of H. R. H. Prince of Wells Des'voux Road on 6 and 7th April 1922 Hongkong.

▼ 在銅鑼灣「馬球場」（現中央圖書館一帶）打馬球的愛德華皇儲，1922年4月。

11　H.R.H. The Prince of Wales having a Game of Polo at Causeway Bay, Hongkong.

英國皇室慶典

1929年
告羅士打公爵訪港

1929年，英國告羅士打公爵訪港。事後，當局將在灣仔新填地開闢的新海旁馬路，命名為告士打道。而置地公司亦將中環於1930年代初落成的新建築命名為告羅士打行及酒店。

▼ 1929年，告羅士打公爵訪港，歡迎行列正行經美利道。圍牆後是海軍船塢。

The Naval Guard,
H.R.H. The Duke of Gloucester's visit to Hong Kong.

*1931*年
喬治五世壽辰

1931年6月3日，英皇喬治五世壽辰，在紀念碑前閱兵，由署理港督蕭敦（修頓）主持。華人代表希望華僑懸旗慶祝，蓋雙十國慶，政府機關亦懸旗慶祝者。

*1935*年
喬治五世登基銀禧紀念

1935年為英皇喬治五世登基二十五周年銀禧，於當年4月，成立一「恭祝英皇銀禧紀念籌委會」，主席為何甘棠，後來改為黃廣田。設英皇銀禧紀念慈善捐款。相隔四十多年後，香港發行第二套紀念郵票以誌此盛事。

多個行業及行商都蓋搭牌樓，計有：南北行二座、客棧行二座、普益商會一座、先施公司二座、米行公所一座、鮮魚行二座、雞鴨行六座及牛羊行一座等。

派出金、銀龍、彩龍、瑞獅、魚燈、銀樂隊、汽車等之公司和機構，則有：九龍巴士、天一影片公司、二天堂藥廠、廣生行、客棧行及多間商會和工會。

派出夜景之明紗紮作魚燈、燈籠、大雀儀仗、馬務吹樂、飛報馬一匹及小頭牌等巡遊品之機構有：得雲茶居、洋行辦房聯合會、金葉行、檀香行、米業工商總會、柴業商會、鹽業商會、上海莊慎遠堂等。

▼ 1935年5月，慶祝英皇喬治五世登位銀禧，皇后像廣場的夜景，右方為同年10月10日落成的第三代滙豐銀行大廈。

巡行表演的還有鑼鼓、高蹺、仙女散花、顧繡頭牌、翠方亭、繡羅傘、燈色櫃、龍雲及帥旗等。

會景巡遊日景於1935年5月的6、7、8日三天舉行。夜景則於7、8兩夜舉行，巡遊路線則由西環至跑馬地。

巡遊後加插餘興節目的巨龍醒獅表演，分別於5月9日日間在南華會球場，以及11日晚上在漆咸道九龍會球場舉行。

整個銀禧出會巡遊，參加者包括各行工會、商會、商店及酒樓等共三十四家，僱用人數共9,755人，費用約共港幣148,000。日間巡遊於上午十一時開始，所經途徑約十英里，歷時三小時

半。有長120尺之金龍、280尺之銀龍、225尺之紗龍共三條。

另有獅子十隻、老虎麒麟各一、馬色四十六匹及各類旗幟八百枝。日景巡遊由「華人慶祝委員會」領導先行。

夜間巡遊較日間規模為小，但各會景景色比日間的更美麗。參加之行商及工會共二十一家，費用約港幣23,000，景色共760座，扛抬工共有2,800人。

夜景最悅目者為魚燈及雀燈，長二十至四十尺。另有紗龍及其他汕頭及廈門之紙紮，十分精巧。

不少內地及澳門人士來港觀賞，酒店、客棧及旅館均告爆滿，市面充滿一片繁華景象。

港府又將荃灣城門谷即將落成的城門水塘，定名為銀禧水塘。

可惜的是，喬治五世於1936年逝世，皇位由曾於1922年訪港的愛德華皇儲繼承，為英皇愛德華八世。

▲ 滿佈銀禧燈飾的畢打街，左方為告羅士打行，右方為渣甸（怡和）行，正中為亞細亞行。

銀禧紀念郵票，由英文南華早報寄出的首日封，1935年5月6日。（吳貴龍先生提供）

慶祝銀禧期間的皇后戲院夜景，可見英皇及瑪麗皇后像。戲院正上映「陳查禮」的影片。

德輔道中與永和街交界，先施公司的銀禧裝飾。

南北行街（文咸西街）的銀禧裝飾夜景。

▲ 機利文街，干諾道中的銀禧花車。左上方是林士街前的省港澳碼頭。

▲ 銀禧舞龍經過中環街市前的皇后大道中。左方的店舖由左至右為廣州臘味、以杏仁餅馳名的春記英及金菊園臘味，正中的生泰銀號稍後改為由文咸街遷至的永隆銀號（銀行）。

▲ 經過中環雲咸街南華早報社前的陸上龍舟。

▲ 皇后大道東（金鐘道）的巡遊行列。左方為威靈頓軍營，右方有圍牆的坡段是域多利軍營，為現時太古廣場及兩間酒店所在。

同一地段的舞龍，正中的軍營樓房於1970年代改建為「統一中心」。

在跑馬地舉行的銀禧軍演，背後為尚未完全夷平的摩理臣山，右方為禮頓道及堅拿道一帶。

◀ 軒尼詩道近天樂里的銀禧巡遊隊伍，左方為堅拿道。

◀ 經過灣仔區的銀禧高蹺表演者。

▲ 巡遊花車經過軒尼詩道，右方為史釗域道。

▲ 綴滿耀目慶祝銀禧燈飾的「九龍汽車有限公司」（九巴），位於彌敦道總辦公樓的「始創行」，兩旁為巴士車房。這一帶曾改建為「麗聲」及「凱聲」戲院，1990年代再度改建為「始創中心」。

1936年
愛德華八世登基

1936年5月12日，當局宣布愛德華八世的加冕慶祝，將於明年5月舉行，一連七日七夜的會景巡遊，較諸去年的銀禧巡遊，更為熱鬧。並會為英皇鑄像，派送茶點、紀念杯及紀念章等。同年10月21日的公佈則為，加冕會景巡遊的規模，將一如去年之銀禧。

6月23日，為英皇愛德華八世登位後第一次生辰，軍部在快活谷舉行閱兵，並在山頂鳴炮廿一響。

8月31日，當局決定在港島西營盤國家醫院之花園，以及九龍佐敦道與廣東道之間，闢建兩座「英皇佐治五世公園」，以紀念故皇。

英皇愛德華八世因娶一寡婦，為國家所不容，於1936年末上演一幕「不愛江山愛美人」的愛情劇，毅然遜位，被封為溫莎公爵。皇位由其弟約克公爵繼承，為英皇喬治六世。

1937年
喬治六世登基

1937年5月12日，為英皇喬治六世加冕，是日為公眾假期，學校放假三天。

華人各界亦舉行三日兩夜的會景巡遊，於正午十二時開始。

▲ 蓋搭於干諾道中與急庇利街交界,「廣聯客棧商會」的慶祝英皇喬治六世
加冕牌樓,1937年5月。右方可見「陸海通旅館」及「華人冰室」。

第一日的路線為由西環卑路乍街起馬(出發),經皇后大道西、山道、德輔道西、永樂西街、摩利臣街、德輔道中、雪廠街、皇后大道中、大道西、七號差館旁薄扶林道至大學堂、般咸道、堅道、上亞厘畢道入督憲府,由督憲府橫門出,經上亞厘畢道、下亞厘畢道、雲咸街、荷李活道、大笪地口、普仁街、保良局新街經「育才書社」門口,入皇后大道西、和興西街(皇后街)、干諾道西、吉直(席)街。

第一晚夜景的巡遊路線則為:下午七時由卑路乍街起馬,入皇后大道西、山道,經德輔道西、文咸西街、永樂街、皇后大道西、七號差館、薄扶林道、大學堂、般咸道、堅道、上亞厘畢道,入督憲府,由督憲府橫門出,經上亞厘畢道、下亞厘畢道,經牛奶公司(藝穗會)入雲咸街、荷李活道、擺花街、威靈頓街、皇后大道中、畢打街、德輔道中、摩利臣街、皇后大道中、大道西、和興西街(皇后街)、干諾道西、吉直街。

1937年5月，加冕舞龍途經德輔道中。左方為區力山打行及中天行（現歷山大廈所在）。

▲ 皇后像廣場一帶的喬治六世加冕燈飾。左方高等法院,中為滙豐,右為太子行。

第二日由卑路乍街起馬,入皇后大道西,經山道、德輔道西、文咸西街、文咸東街、乍畏街、摩利臣街、皇后大道中、威靈頓街、德忌笠(德己立)街、皇后大道中、戾臣道、干諾道中、西,再由海旁沿路回吉直街。

第二晚下午七時由卑路乍街起馬,沿皇后大道西、大道中、大道東、唥道(石水渠街至摩理臣山道的皇后大道東的早期名稱)至跑馬地之「文筆」(紀念碑「石筆」)、禮頓山道、堅拿道西、灣仔道、莊士敦道至中華循道會禮拜堂尾,轉至軒尼詩道、波斯富街、駱克道、軍器廠街、皇后大道東、美利道、干諾道、堅尼地城海旁沿路回吉直街。

第三日由卑路乍街起程，入皇后大道西、大道中、大道東、隄道，入跑馬地，由黃泥涌道出禮頓山道，經一號警署過保良局，直至銅鑼灣電車站，出怡和街，經過利園山入軒尼詩道至軍器廠街口，入皇后大道東、德輔道中，經永和街口入永樂東街、永樂西街、德輔道西直達吉直街。

在5月12日加冕當晚八時，全港各建築物電燈裝飾大放光明，航空母艦飛鷹隊表演黑夜飛行，八至十時大放煙花。十一時，英艦燃放火箭。

為慶祝加冕，港九各主要建築物及公共場所，均以大量燈飾佈置，包括匯豐銀行、高等法院、郵政總局及皇后像廣場等多處。

九龍方面則包括九廣鐵路總站、九龍倉、佐敦道碼頭、水警總部以及彌敦道永安公司、半島酒店等。

新界方面包括元朗、荃灣、大埔墟、沙田、錦田及荃灣等地，皆蓋搭多座牌樓，上置皇冠及英皇御徽，夜後燈色輝煌，光芒閃耀。

▼ 畢打街的加冕燈飾。左為告羅士打酒店，中為亞細亞行，右為渣甸洋行。

▲ 1937年5月，會景巡遊經過德輔道中，可見華美及代月電器行，左方位機利文街口的南屏酒店
於1965年改建成「國際大廈」，後來易名為「中保集團大廈」。

當局亦派出兩艘救火小輪，於晚上表演五彩噴水。而各區水喉亦於5月11至14日，全日供水。

為應付大量來港「趁慶」者，港澳輪渡增加班次及增開夜航。

5月12日為公眾假期，學校放假三天，包括金銀業貿易場，及銀業聯安公會屬下之銀號亦休業
三天。

由5月11日起至16日止加冕慶祝期間，各酒樓食店可通宵營業，小販可不需牌照自由販賣。

▶ 加冕飄色經過畢打街與遮打道交界，可見「菓菜行」及「金山法鑲牙」的廣告。左為郵政總局。

▶ 經過灣仔軒尼詩道的花車，背景位於告士打道與軍器廠街交界的「中國艦隊會所」，所在現為「美國萬通大廈」。

56

1941年
香港開埠百周年紀念

1940年2月10日，港府決定舉辦慶祝香港開埠百周年紀念活動，內容包括：發行紀念郵票，以及開辦一大規模之展覽會，陳列本港工業產品。但未決定會否舉辦會景巡遊，因會景多來自廣東內地，可是該一帶多為淪陷區。

到了8月30日，因戰雲密佈，決定暫緩舉行慶典，候時局平靜才補行慶祝，但郵局將發行一套紀念郵票，以資點綴。該套郵票原定於1941年1月26日，英國人正式登陸港島百周年之日發行，但運郵票之船隻因戰事延誤，以致改為2月26日。

1941年6月11日，港督羅富國為港九之「英皇佐治五世公園」揭幕。

6月12日，英皇壽辰閱兵，在修頓兒童遊樂場舉行，港督足疾，由陸軍司令主持。

1941年12月25日開始，香港淪陷，設計香港開埠百周年紀念郵票之政府工務局官員鍾惠霖，被囚禁於赤柱。但鍾氏對香港的光復充滿信心，在拘留營中冒生命危險，設計了一枚和平紀念郵票，以火鳳凰為圖案，喻意香港將在烈燄中重生。

▲ 慶祝香港開埠百週年的紀念郵票首日封。由設計者工務局官員鍾惠霖寄予其居於澳洲的女眷。郵票的景色有：海港、百年前小艇及水上飛機、大學、銀行區及右下方的閣麟街，並附有象徵「福」的蝙蝠。(吳貴龍先生提供)

清末及民國初年

▲ 1912年的孫中山先生與中華民國旗及國民黨旗。

1900年，東華醫院為祝光緒皇帝三旬萬壽，燃炮慶祝。各總理在該院分班，詣北叩賀。

1911年，旅港趙姓紳商，募捐重修卜葬於赤灣陽坐子之趙宋帝昺之皇陵，每年皆會乘船往掃墓。

1911年11月8日，慶祝武昌起義成功，本港各處炮竹聲不絕。有手持「藍地白星」（青天白日），以及「中華民國萬歲」的旗幟及標語，在街道上遊行。

一輛第十六號的電車，兩旁升起「新漢萬歲」及「漢族萬歲」等旗，沿途各車站均有人歡祝不已。威靈頓街80號之「新漢剪髮所」，免費剪辮。

1911年12月21日，孫中山先生（當時報章稱他為「革命元祖」）乘英國郵船地雲夏號抵港。上午九時該輪拋泊浮泡。包括港商林護等多人，乘順利小輪到郵船謁見。孫先生隨後會晤同盟會中人。之後，李杞堂、陳少白及容星橋等人乘廣州號小輪至郵船與孫先生晤談。

十時餘，偕同將赴廣東之都督胡漢民，登上來港迎接之江圖號軍艦。當時港府派出「暗差」（便衣警員）多名保護。

▲ 推翻滿清革命的民軍首領黃興，1912年。

孫先生與包括日本人在內之眾友好接晤後，即乘廣州號小輪由三角碼頭登岸，步行至「蘭室公司」聚話，並進午餐。三時，粵省七十二行、九善堂、總商會所等派出來港迎接孫先生等人之代表，亦到蘭室晉謁。

席間，孫先生屬言政主共和，以及用戰事驅除滿虜為目的等事蹟。稍後，孫先生偕同粵省都督胡漢民乘船往上海。

四時半，孫先生由蘭室公司步行至三角碼頭，乘順利小輪至郵船，眾人送至郵船才告別。

▲「武昌起義」的湖北武昌軍政府（前省諮議局）。

港督盧吉曾約晤孫先生，但因是日乃定例局（立法局）會議之期，郵船於五時半開行，因此會晤未能成事。

孫先生是與美國大將軍，堪馬李氏夫妻同乘鐵行公司之地雲夏輪到港，取道直往上海者。

1912年5月21日，華商會所雇用加冕公司之「自由電車」（汽車）去迎接前大總統孫中山先生。晚上，亦使用該自由電車，接載孫先生前往石塘咀皇后大道西洞天酒樓讌敘。

1913年6月24日，孫中山先生往澳門會見其女兒後，於是日抵港，居於德輔道中香港大酒店（現置地廣場告羅士打大廈所在）207號房。同時，胡漢民亦在香港。

1913年10月10日，袁世凱連任總統，行就職禮，香港居民祝賀中華民國開國大典。

1916年6月6日，由大總統轉為洪憲皇帝的袁世凱腎病死去，黎元洪署任總統。當晚，港人紛燃炮仗慶祝，因違例，多人被罰十元。6月17日，港人慶祝黎元洪任總統，各處均懸五色

163　Hongkong Harbour, Hongkong

▲ 由摩利臣街，現上環「西港城」前西望干諾道西，約1915年。左方的一座是「永樂街碼頭」，俗稱「三角碼頭」。

國旗，炮竹聲不絕於耳。中國政府委任伍庭芳（首位香港華人定例局員，即立法會議員）為外交總長。

1937年3月2日，香港各界假太平戲園舉行大會，慶祝蔣介石委員長從「西安事變」中脫險。

「脫險大會」主席為李星衢，各部主任為葉蘭泉、顏成坤、陳蘭芳等。

出席大會的知名人士有：羅文錦、李樹芬、曹善允及鄧肇堅等多人。

當晚並由馬師曾領導「太平劇團」演粵劇籌款，全場滿座。

HONGKONG HOTEL, HONGKONG

德輔道中與畢打街間的「香港大酒店」，約1920年。1913年孫中山先生曾居於此。

▲ 由德隆街東望德輔道中，約1915年，左中部為中環街市，萬人空巷觀看一盛大的巡遊。

▲ 約1930年，雙十國慶時的皇后大道中，由同文街向西望。左方為第一代蓮香茶樓，正中是「何東行」，右方可見「一毛不拔」的梁新記牙刷店。

第一次
世界大戰戰後

1918年11月13日，本港政府接到德國簽押停戰的消息後，中外市民皆歡欣慶祝第一次世界大戰結束。有大學生持中英國旗四出巡遊，唱協約國凱旋歌。是日放假一天，晚上點燈結綵。

1919年5月，「香港華人慶祝歐戰和平會」成立，由值理募捐以慶祝。

當局訂定7月19日為慶祝和平之期，由18日起一連慶祝三天。節目包括放煙花、夜龍船出遊、摩托車（汽車）遊行，以及魚燈出遊等節目。

魚燈巡遊於19日晚上舉行，路線是由跑馬地至高陞戲園為終點。之後返回跑馬地。

各區蓋搭綵樓及牌樓二十八座，書有英國海軍大將，以及歐洲、日本等國大將之名字。

摩托車巡遊，各有別出心裁之點綴，時速不能超過十英里。

海面上之火龍乃用五艘盤艇「拖成一氣」，上置用竹搭成之長龍，將燈籠懸掛於竹龍上，盤艇由小輪拖拽而行。

1922年，建造一座歐戰紀念碑，置於皇后像廣場及高等法院旁，造價為港幣49,500。該高度三十五英尺之紀念碑，於1923年5月24日舉行揭幕儀式。同時，有一座有關歐戰的女神像，置放於皇后像廣場。

▲ 1919年的歐戰和平慶典，印度及巴斯社群，蓋搭於皇后大道中大會堂（舊中國銀行所在）的牌樓。左方的美利操場現為長江中心所在。

慶典時的畢打街。左方為舊郵政總局，正中為萬順酒店，其右方是香港大酒店。

LEMAN

The Celebration-View of Hongkong Hotel.

PEACE CELEBRATION DAY AT HONGKONG 18-19TH JULY 1919

PEACE CELEBRATION
HONG KONG 1919

▲ 綴滿慶祝和平裝飾的銀行區。左方依次為大會堂、滙豐、渣打及廣東銀行，右方為太子行。

◀ 和平慶典裝飾下的皇后像廣場和太子
行。廣場前中部可見愛德華七世及皇后
的銅像。

皇后大道中銀行區的景致。左為7號的「有利」、5號的「東方匯理」及3號的渣打。右方是第一代「拱北行」。

和平慶典期間，由雪廠街西望德輔道中。左方最高的是香港大酒店。右方由右起依次為英皇酒店、亞力山大行及郵政總局。

畢打街與德輔道中交界的渣甸行（怡和洋行），其右方是惠羅百貨公司。

皇后大道東的慶祝牌樓。左方為「大佛口」，地段名稱起源的大佛洋行，其上為著名的華興影樓。

The Chinese Celebration Arch of Queens Road, E.
PEACE CELEBRATION DAY AT HONGKONG 18-19TH JULY 1919

綴滿和平紀念裝飾的塘西風月區。可見
位於遇安台（現南里）的聯陞酒店，前方
為石塘咀街市。▶

▶ 1923年5月24日，將行揭幕儀式的歐戰和平紀念碑。

▲舉行隆重揭幕儀式的歐戰和平紀念碑。

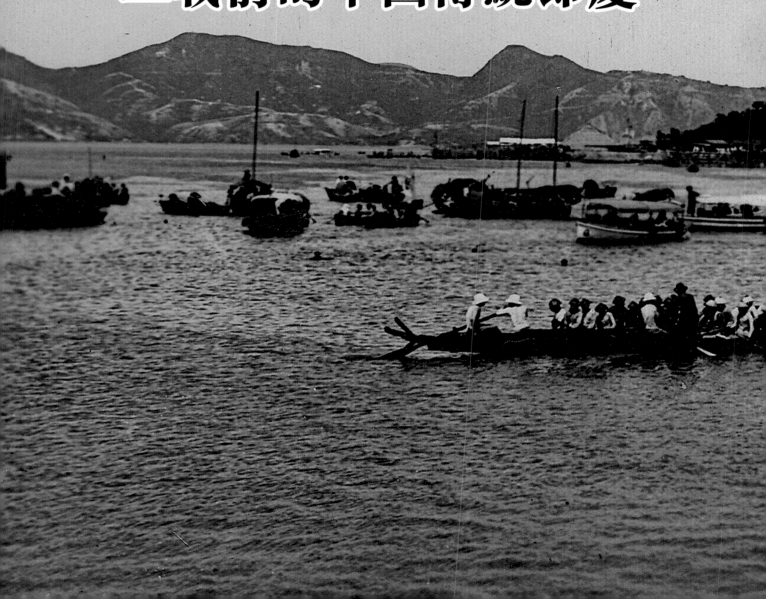

第二章

二戰前的中國傳統節慶

▌農曆正月

115　Chinese Tea House Happyvally, Hongkong.

▲ 新年期間不少人前往遊玩的跑馬地愉園遊樂場。

1874年2月21日，是日為正月初一元旦日，亦稱為歲朝，各户皆依俗例在廳堂中懸掛祖先像畫軸，具備茶果粉丸等物，肅整衣冠而叩拜。

亦有客人來敬拜遺像者，稱為「拜喜神」。

俗例於初一日忌掃地，乞（取）火、汲水、禁用針剪，大家相遇時皆説吉利語，互相恭賀，又到各家恭賀，謂之拜年。亦有派遣僕役送呈紅色名帖至戚友家者，稱為「飛帖」。男女皆穿新衣，兒童都穿華服索錢買糖果或雜耍玩物。

約1940年農曆年期間，中環街市前的皇后大道中。由右至左依次為：金菊園燒臘店、昌記銀號、永隆銀號及春記英食品店。弼臣表行所在為門牌100號的高陞茶樓。

約1925年的「南北行街」（文咸西街），農曆新年夜晚。各家大商號皆懸掛一對書有店名及東主姓氏的燈籠。小型酸枝宮燈的是廣府人，大型燈籠的是潮州人士。

新年間，親朋相聚或宴飲後，共擲狀元籌或陞官圖等為戲，小童亦會參與，賭禁大開。

初一日，在港之英國大小衙署亦放假一天，巡理府（裁判署）及各衙署（法庭）亦暫停審案。

侯王廟、宋王臺、植物公園，為戰前遊春士女的同遊「拍拖」勝地。

初三被稱為「小年朝」。初五為路頭神誕，每家每户皆早起，敬備三牲酒禮，以「接路頭」，不少店舖於初五開市。

初七、初八、初九、初十，為人、穀、天、地之誕辰，故稱初七為人日。1870年代，不少港人，以此四天之陰晴，占卜整年之吉凶。

由正月十三晚至十八晚一連五夜，於廚房點灶燈，後來引伸至展示各類彩燈花燈於門前和街上，而「三步不出閨門」的婦女亦出外觀賞，她們認為於夜間步行可祛除疾病。亦有將謎語附諸燈上，讓人猜測，稱為打燈謎，而以正月十五被稱為「上元節」之日最熱鬧。

1935年之上元節，九龍城侯王廟香火鼎盛，要捐香油二毫始准入廟，善信投銀毫落甕，竟被名為「放生」。當時有一「廟道」（現聯合道）連接該廟與太子道。

不少香港行業如南北行等，要待正月十八日後才開市營業。

正月廿六為「觀音開庫」，各區觀音廟均有不少迷信男女往「借庫」求財，真正發財者是廟祝。

HONGKONG.　CHINESE TEMPLE IN THE FRONTIER OF KOWLOON

▲ 位於九龍城「廟道」（後來改名為侯王廟道及聯合道）的侯王廟，約1905年。

Emperor Sung's Castle. Kowloon

▲ 馬頭涌聖山的宋王台石。此為刻有「江山有幸」字樣較為少見的一面。約1925年。

農曆貳月

二月初二，俗傳為土地神誕，土地原為五土五穀之神，名為社神，又稱社公，後來被誤稱為土地公。其廟名「地祇廟」即為土地廟。

1911年的土地誕，上環太平山街水巷之土地廟，在東華醫院後曠地施放花炮，不少人在此「搶花炮」以求順景，多人爭奪釀成打鬥，引致撫華道（華民政務司）宣布永遠禁止。除搶花炮外，其他敬神活動，仍可舉行。（數年後禁止取消，搶花炮活動恢復。）

二月十二為「百花生日」，閨中女郎剪五色彩繪貼於花枝上，謂之「賞紅」。十九世紀時期，粵港婦女往神廟奉上三牲祝花神仙誕，稱為「花朝」。相傳此日天氣清朗則百物豐盛。

二月十九是觀音誕，善信們往各廟參拜，尤以上環及紅磡的觀音廟最熱鬧。

每年陽曆3月6日（閏年則為3月5日），是「驚蟄」節令。在農村，每屆驚蟄，則蟲類開口，唧唧之聲不絕。

一般迷信婦人，每於驚蟄日「祭白虎」以求免除「小人」及「是非」等不祥事，而保平安。拜祭地點為街頭巷尾、樹腳或電燈柱腳，祭品為香燭元寶、少許肥肉及芽菜等。拜祭之後，則以鞋底拍打一紙剪小人，便告「禮成」。

▲ 早期（約1950年代），驚蟄祭（餵）白虎的情景。

農曆叁月

三月初三為北帝神誕，長洲會舉行迎神賽會。1884年3月，「新安縣長洲闔境」在港報章刊登「長洲廟宇及玄天上帝太平清醮啟事」，並聲明「由鹹魚欄店代收捐款」。（按：鹹魚欄本設於內地的陳村，由於1870年代一場颶風，兼營鹹魚的漁船改泊香港，形成本地西營盤區的鹹魚欄。）

1885年5月9日，為農曆三月廿三，乃天后神誕之期，港中士女往廟堂酬神還炮（花炮）者，絡繹不絕，為香港年中一大盛事，最多人前往者，是燈籠洲紅香爐（銅鑼灣）天后廟，行香頂禮，形成車水馬龍，人山人海。

到了1910年的天后誕，不少香港善信，前往內地赤灣的天后廟參拜，人數超過一萬，船隻穿梭往來，異常頻密。到了1936年，多家輪船公司派出特別船隻載客前往。

▲ 長洲北帝廟，約1925年。

農曆肆月

1874年5月24日，為英皇維多利亞五十五歲壽辰，因當日為星期日，督憲堅尼地於30日清晨，在校場（美利操場）特行閱兵盛典，觀者讚賞不已。山頂、維港艦船、鐵行公司及各洋行，皆升旗致賀，各銀行及衙署均休息。

兩天後為農曆四月初八，相傳為釋迦文佛生日，是日僧尼以香花燈燭，置銅佛於水盤，以小杓盛水澆佛，善信爭捐捨錢財，謂之「浴佛」。市民守齋禮懺，聚眾舉辦「放生會」，購買龜魚螺蚌，催小舟出海，口誦「往生咒」而作放生，整日不絕。

農曆伍月

1874年6月18日為端午節，家家户户瓶種蜀葵、石榴及蒲蓬等物，婦女簪艾葉榴花，各家設宴慶賀，各業工人休息。

醫家以雄黃塗於門前，店舖用菰（竹）葉裹黍米為糭，市民購之作送禮以祝節。

1880年3月26日，本港中國（中華，怡和屬下）及東藩（東方）兩間糖局（糖廠，皆位於銅鑼灣區），催工人作端午賽艇健兒，頗為踴躍，特製值七十五元之銀杯，以及值二十五元之荷囊（銀包），以賞奪錦標者，賽船全用桅帆。賽程由九龍起至交椅灣（西營盤水街一帶）止，往返程共計二十八哩。

1921年，下環「集善中醫院」（東華東院之前身）及廣華醫院競賽龍舟，召集到十六艘在油麻地海面參加競渡。

九龍四約街坊小輪公司，派小輪二艘，在中環街市對開處，接載參觀者，前往主辦機構在避風塘基壆面蓋搭之觀賞蓬棚。入場券三毫。

Dragon Boat Race, Hongkong

▲ 約1930年七姊妹區海面的端陽競渡。右中部的太古糖廠一帶現時為「太古坊」。

農曆陸月

1911年農曆六月廿四關帝誕,是日晚上不少人攜帶百靈鳥,在文武廟前餘地(廣場)之壇內,賽鬥飛鳴博勝。其中一鳥名「寶星」者,表現突出而大受稱讚。關帝誕,一般人只在農曆五月十三慶祝。

1936年之關帝誕,本港「光華俱樂部」在會所高唱八音,並在大同酒家歡宴。

農曆柒月

1927年7月初六是乞巧節,意思為乞求織女的巧藝。又名「擺七夕」。盛況空前的街道為歌賦街及石塘咀風月區一帶。

擺七夕於初六晚舉行(全中國擺[拜]七夕是七月初七,只有廣東及香港是初六),到了晚上十二時則「拜七姐」。初七的晚上則「拜牛郎」,兩晚都要吃齋。

所謂「擺」,是陳列製作靈巧之藝術展品,在廣州有多至八至十張桌檯者,但香港則只有四至六張。廣州是擺在街上任人參觀,在香港則多在樓上陳列,但上樓觀賞者不多。此外,還有紙紥工藝品的「梳粧盆」、一座站有牛郎和織女的鵲橋,但亦有裝上活動化機械者。

應時的物品還有餅食、生果、花卉、香樹、禾秧及化粧品等。此類店舖攤檔多集中於港島的擺花街、閣麟街和九龍的上海街,由初一至初七,皆擠滿人群。

拜祭的經費是姑娘們組一「義會」式的「七姐會」,每月供三兩元,剩餘的則獲回派。擺花街有一女校,由校長發起,每女生捐出一元,作拜七姐之用。於晚上十二時,燒龍涎香(檀香),及值十餘元之梳粧盆,騎樓外裝飾得琳瑯滿目,並飾以電燈。若干七姐會還有「唱女伶」及「飲宴」等節目。

儀式的最後，是將七姐衣履、牛郎衣冠及鞭子和梳粧盆等一起焚化。

閨女出嫁後的第一年，要回去「辭仙」，捐出一筆錢及送贈燒豬予七姐會。生兒育女後，要送出雞及雞蛋，供各姊妹分享。

在塘西風月花事未謝的時期，各妓寨的阿姑輩對此十分熱衷，張燈結綵，鼓樂喧天。彼此穿金戴銀，爭妍鬥麗，較一般少女所辦者，更為熱鬧。

羅便臣道、藍塘道及九龍塘等區，均有在殷商公館舉行之七姐會，規模鼎盛，由婦女界名流主持，陳列之拜仙物品，集古今之奇觀，應有盡有，琳瑯滿目。

婦女們的「七姐會」組織，集中大量金錢，從事消費合作，又交換了靈巧的自製民間藝術精品，早年為一盛大節日。

1885年農曆七月廿四至廿六一連三天，乃「四約」（指上環一帶）舉行中元節醮會（盂蘭勝會）的日子，敬請文武二帝鑾儀出巡，藉此兩位正直之神，以消災疫，亦有善與人同之意義。

主辦機構之文武廟，對於「隨鑾雀躍」，即贊助各項會景、儀仗及鑼鼓音樂者，按貢獻程度給予現金獎賞，賞格如下：

金龍銀龍，每隻賞港幣二百元及縐紗錦標一支。

頂馬每匹賞五元。

彩色每種賞十元。

飄色每種賞十元。

平棚色每種賞六元。

94

醮會巡行得到香港的肉行（業）、魚行、沙籐行及群義閣等的熱烈響應，各以龍獅熊鳳，以及彩輿飄色等隨駕遊行，「儀仗輝煌，笙歌載道」，被形容為一時之盛事。儀仗以肉行者最出色，其衣裝、鼓樂、金銀龍、飄色等皆極為華美，所費不菲。

是次盂蘭醮會，除開支外，有三千多元盈餘，有提議文武廟應將此款，用作賑濟悽慘之粵東水災。

1907年農曆七月十五，日本人在跑馬地愉園遊樂場，舉行盂蘭盆節，遍懸旗幟，圍以花草，到場者有三百多人。

1927年7月6日「香港九龍嗇色園赤松黃仙祠」，舉辦盂蘭勝會。

同時，有一廣利號小輪，被租用出海燒放水陸幽衣，在汲水門（馬灣）擱淺，鳴汽笛求救。

1920年代之乞巧及盂蘭節，以塘西風月區之花費為最「豪」者。擺七夕所陳列者是從內地購得之精巧工藝品。盂蘭施孤所燒之幽衣，乃用真布以至綢緞所製之華服，十分奢侈。

▌農曆捌月

農曆中秋節之消費品,主角為月餅。最早的一家是約於1850年創設於威靈頓街192號,及皇后大道中180號誠濟堂藥行東鄰之「雲來茶居」。1902年,兩者皆遭火災,雲來後來遷往皇后大道中嘉咸街口126號,與「得名茶居」合併。

另一家為創辦於光緒十七年(1891年)、位於威靈頓街118號之「正隆」,曾設多間分店,1960年代才結束。

後來,不少茶樓,如得雲、馬玉山、武彝仙館、富隆、如意、清華閣、第一樓、多男、高陞、蓮香樓等,皆為月餅名店,每屆八月初一,皆懸掛爭妍鬥勝之裝飾招牌,1915年,亦有切點時事而有深意者。

▲ 第一代的赤松黃仙祠(黃大仙廟),攝於1929年。

恭喜孔聖誕的乍畏街（蘇杭街），由文咸東街西望，約1910年。

最顯著的是1915年皇后大道中與鴨巴甸街交界之「三多茶居」所懸者，以「中華民國真成畫餅」為主題（因袁世凱稱帝而改為「中華帝國」），日夜圍觀者如堵，無不讚嘆。華民政務司以有礙交通及違港例，傳「三多」主人到署，飭令拆除。

農曆八月廿三，為黃大仙寶誕。早於1903已有興建黃大仙廟之議。

1908年農曆八月廿七，為孔子誕辰，紳商假太平戲園舉行慶祝會，出席者三千餘人，亦有女界數百人。

翌日的八月廿八日，為慶祝「華光先師」寶誕，南北行街（文咸西街）八家祝誕行號值理（當值理事），著手籌款。坊眾認為祝誕為無意識之舉動，應將籌得之款項用作恭祝孔子聖誕，議決增加孔子誕之名額以取代華光誕值理。

孔子誕辰日，永安街之五金及匹頭舖休業一天，其他休業者還有銀業行及洋衣匹頭行、先施公司及安樂水房（汽水廠）。

各界慶祝的還有：南北行公所、威靈頓街的香港大酒店及匯豐銀行外寓（宿舍）、燈籠洲、大成學校、石塘咀酒樓及妓館等。

1916年為孔子誕生2467年。在孔聖誕日，南北九八行（南北行）、普益商會、金銀業行、各大洋貨公司、永安街（花布街）及蘇杭街等，皆停業慶祝。各處皆懸掛五色國旗及紗燈彩球，亦有針貶國是之對聯。永安街頭尾均蓋搭八音棚一座。

早期的孔聖會位於德輔道中25號（現安樂園大廈所在）。1921年位於荷李活道124號文武廟右鄰。

1940年4月1日，天主教廷通令，天主教徒可拜孔子。

▌農曆玖月

1922年，重陽節，往香港仔掃墓的人士頗多，墳場當中，知名人士吳理卿之墓建造費用達六萬多元，另一名人陳啟明之墓，只其石像亦花過萬，參觀者頗眾。「香港仔街坊汽車」（巴士）亦增至六架載客往來。

同時，山頂火車（纜車），亦開特別班次，以應大量登高客的需求。

有不少神棍，帶同木偶神像登山，在山頂設壇供人膜拜，警察出現時，則抱著偶像「走鬼」（逃避追捕），十分滑稽。

▲ 山頂庇理羅士花園的華人遊客，約1900年重陽節。

Chinese People on the Peak of Hongkong.

▲ 約1910年，太平山頂訊號台一帶的重九登高客。正中的臨時食檔有：山水名茶、各色餅物及牛肉麵包等字樣的布招。

農曆拾貳月

農曆十二月初八，俗稱「臘八節」，佛教人士十分重視。新界各寺院「隨喜」（入廟參拜慶祝）者，亦特別多。

十二月十六是「尾禡」，不少大店號如「南北行」商等已停止營業，著店員追收欠數，已有一片殘年急景之現象。

謝灶，一般為農曆十二月廿三（年廿三）或廿四。若廿三謝灶，則要在年初三接回灶君，廿四則初四。

傳統的謝灶日子是：官三（廿三）、民四（市民）、蛋家（艇戶）五（廿五）、發瘋（痲瘋病者）六，妓女則為廿七。灶君要到廿八才登天向玉皇大帝「述職」，家家戶戶會用糖漿或湯丸，黏或糊在灶君的神位，使他獲得「甜頭」，不在玉帝御前陳述這家的壞話。

酒樓酒家的新春假期，是由年廿六至年初一共休息六天，到了二戰和平後的1947年尾議決，定為「廿八收爐、初二復市」，休息四天。

年廿二、廿三，年宵市場亦開始營業。開埠初期，市場位於德己立街一帶，1850年代，移往華人金融商貿區的威靈頓街、皇后大道中、文咸街、蘇杭街及永樂街一帶。

1932年尾，政府以交通為由，將年宵市場攤位，由上述地點，移往灣仔新填地。而地點則為「樂園露天影場」（現修頓球場所在）旁的曠地及街道，包括：莊士敦道、軒尼詩道、柯布連道及老雅（盧押的早期譯名）道。（上環的市場的熱鬧景象一直維持至1990年代）

當年九龍的年宵市場則有兩處：

由油麻地彌敦道至海旁的一段窩打老道。

由深水埗鴨寮街至海旁的一段
南昌街。

當時兩街的正中,皆有一尚為
明渠的大水渠。

到了1938年,九龍增加一旺角
市場,是由深圳街至砵蘭街止
的一段亞皆老街。其他市場的
街道則略有調整。

在年卅晚除夕夜,一家歡聚
食完團年飯,舉家行年宵市
場,購備年花以迎新歲,為一
年中最開心的時刻。

由上環急庇利街,東望,華人金融區的
文咸東街的年宵花市,約1923年。 ▶

第三章
民間風俗、習慣

鳴炮

當局每於慶典儀式，或大節日，鳴炮以示祝賀。此外，鳴炮亦為一種通告方式。

怡和洋行的報時午炮，是由1840年代起一直維持至1960年代止，早期位於「東角」的鳴炮地段，現時有一Cannon Street，景隆街。

1884年8月16日，當局於晚上九時鳴「號炮」宣示「夜禁」（出街需帶備「夜燈夜照」），晨早則放「亮炮」（夜禁終止）。

同年8月25日，英屬九龍（界限街以南），用訊號預報颶風，及放風炮示警，以便船隻趨避。

▶「怡和午炮」，於正午十二時的鳴炮儀式，所在為銅鑼灣東角「渣甸倉」、景隆街一帶，1950年代。

巡遊

太平山街觀音廟於1894年被颶風吹塌，於1895年重建落成，開光進伙。連日舉行奉神巡遊，儀仗色馬隨行，觀者皆眾。

1902年，觀音廟旁的「新孖廟」進伙（入伙），內有包相府、天后宮、黃大仙、侯王爺、綏靖伯及多位大仙。廟內亦供應黃大仙靈驗藥方及黃大仙聖茶，每包售一仙。

1903年，因疫氣（症）流行，由省城「請」黃大仙來港，並倡議在必列者士街建黃大仙廟，各值理設緣簿勸捐。

同時，有一座城隍廟（應為取代城隍街的一座者），位於必列者士街36號的對面。

1906年，文武廟「五環四約值理」通告，文武二帝於6月3日巡遊西營盤，但有違例放炮仗的街道則不入。儀仗巡行必經南北行街（文咸西街），因店戶多是鉅商，是一「了不起的所在」。

（按：維多利亞城為「四環九約」。1904年，政府通告中有：「域多利城第一約至第十約之內」的標示，所指「第十約」地段為天后至筲箕灣一帶，由此推斷，「第五環」亦指這一帶。）

廟會

1924年5月7日,「嗇色園赤松仙館」,舉辦「萬緣勝會」。該館亦登廣告謂在九龍寨城外西貢道14號,於7月20日起,創設醫所,贈醫施藥。

1927年6月,該館的名稱已易為「九龍嗇色園黃仙祠」。同年7月,報章廣告上的名稱為「香港九龍嗇色赤松仙祠」。1931年,該機構的贈醫施藥局遷往九龍城長安街(日治時代因擴建機場而消失)16號。

斬雞頭,燒黃紙

華人社會之「斬雞頭,燒黃紙」的裁判方式,直到二十世紀初仍有實行。

1918年9月16日《華字日報》刊載:

為判斷一名陳汝文是否廣祥興店號股東一案,縣署(法院)准原告被告兩造人往文武廟斬雞頭發誓,於9月13日下午兩點三十分,由該店店東及司理人,偕同婦人到文武廟,並購備砧板及一菜刀,由縣署譯員陳國英繕成黃紙誓章一大幅,措詞為十分刻毒者。可是,在久候之下,陳汝文終無出現,故該次特殊裁判終無實行。

由上述新聞可見,「斬雞頭,燒黃紙」的「宣誓和裁判」方式,是十分「大陣仗」的。當時亦有一不成文的規定,那一兩隻「為法律而犧牲」的雄雞,是歸廟祝所有者,故廟祝是可以不時「食雞」的。

此為中環的卑利街，約1920年，可見新榮隆及丁財貴（中部）儀仗店的招牌。

1850年代的華人隆重喪禮，所在似為港島東區，可見包括兩隻拜神的燒豬等多項祭品。

大紅花轎

迄至1941年香港及九龍共有十多間儀仗店,專替人家「撐場面」,及供應大紅花轎、靈轎、音樂等,盛極一時。

計有港島的:鴻福、彩鶯福、華貴興、丁財貴、新順福等。分別位於擺花街、東街、依利近街、卑利街等多處。

九龍則有大南街的林水記、旺角新填地街的彩鴻福、廟北街的新丁財等。當時,租一頂花轎由十多元至二百元不等。抬花轎者最多有十六至十八人。

吃這一行飯的不下五千人。

▲ 擔運嫁娶「回禮茶盒」餅食和雞隻的工人,約1930年。

當時更有一「抬花轎」及「抬亭」(「亭」指「旌亭」，是放置表揚死者「旌牌」的亭轎)的工會，名為「同益堂」。

由和平後的1948年起，該行因市民的財力薄弱、阻塞交通及缺乏放置花轎的地方而式微。另一原因是被稱為「摩登花轎」的汽車所取代。

結義金蘭

直到1949年，廣州及南海、番禺、順德一帶，長久以來，有不少所謂「自梳」「金蘭契」姊妹，即一群為表終生不嫁，將額前「劉海」鬌往腦後梳，而結為「金蘭姊妹」者。當時結「金蘭契」者有工廠女工、女學生等，但以稱為「媽姐」的女傭為最多。

這現象在香港亦流行多時，但1950年代因失業者多，此風已不如往時般盛行。

自然界事件

1954年3月6日，港外漁民發現「海豬」，即「烏忌白忌」(海豚) 多條，聯群結隊，在海面浮沉。據以往經驗，預示大風雨將至，漁船紛紛返港迴避。

1955年4月14日，一條鯨魚游入港內，被困於上環明生碼頭旁，失救死亡。遺骸被運往香港仔肢解，由香港大學生物系教授柏加解剖。西區一帶碼頭旁的艇戶，合資紮作一條與該鯨魚大小相同的「紙鯨」，用專船運往將軍澳海面「放生」，無奇不有。

1955年6月20日，是日日偏食(蝕)，學校及寫字樓放假三小時。賣太陽眼鏡及炮竹的店舖其門如市。民間迷信為「天狗食日」，故擊鼓、鳴鑼、放鞭炮，「以壯人間聲威」，尤以水上人家為甚。

第四章

日治時代的慶典節日

日治下的傳統節慶

1941年12月25日聖誕節，港督楊慕琦發表聖誕賀詞文告後，於下午約五時，乘一豎白旗的小電船，渡海往設於半島酒店的日軍指揮部，在燭光下（因戰事電力供應停止），向日軍司令酒井隆中將投降。香港從此進入日治的淪陷時代，市民蒙受三年零八個月的苦難。

在這段時期，物資短缺，但市民對若干節日仍有慶祝，如端午節、中秋、農曆新年等。但因米糧難求，糉子成為珍品。中秋月餅則被小鳳餅（雞仔餅）、棋子餅、鹹切酥、杏仁餅等所取代，昂貴的月餅則以每個，甚至半個出售。

▼ 1945年12月底，日軍進行「入城儀式」，經過接近史釗域道的軒尼詩道。

因油糖缺乏，市民以杏仁餅代替歲晚的煎堆油角及糖果。當時的杏仁餅名店為振興、佛動心及咀香園等。

南北行及永安街行商慶祝孔聖誕，則由以往的熱烈慶祝改為簡單的值理團拜，在永樂街添男茶樓舉行音樂歌唱會。孔教聯合會則在孔教學院行禮。

可是，仍有不少市民於「驚蟄」日帶備香燭、豬肉和豬血，前往太平山街與磅巷交界，廟宇群旁邊作「打小人」之舉，相信被打的「小人」（市民咀咒的對象），一定為無惡不作的日本皇軍。

▌與戰況掛鈎的節慶活動

日軍政當局，亦不時飭令戲院宣揚其政策。如1942年11月，為紀念「大東亞聖戰」一周年，上演粵劇〈光榮之路〉及〈原是一家人〉，兩者皆為鼓吹「大東亞共榮圈」和「中日親善」者。

1942年12月8日，為紀念「大東亞戰爭一周年」（一年前偷襲珍珠港及進侵香港），日軍當局大事慶祝，電車滿掛裝飾行駛，郵局發行紀念明信片，並使用紀念郵戳。

戲院及娛樂場所亦不時因特別事故而被下令停業，如在1943年6月5日，日本聯合艦隊司令官，山本五十六元帥，在南方指揮作戰時陣亡。以及於1944年7月19日，為紀念位於塞班島的日軍及日僑，全部「壯烈殉職」，表示哀悼而須休歇。

另兩次停業則為同年10月3日，是為哀悼大宮（關島）及迭尼安的全部戰死日軍，以及11月10日，國民政府主席汪精衛逝世者。

第四章

日治時代的慶典節日

1943年為紀念「大東亞戰爭二周年」，日軍當局在金馬倫山興建一座「華南地區最大」的「忠靈塔」。同年的5月，當局將「大正公園」（香港動植物公園）封閉，在公園內興建一座「香港神社」。

神社於1945年2月8日落成，所祭祀的是「天照大臣」。8月13日，宣布准許市民前往參拜。不過，兩日後，日本便宣告投降了。

日治下的「祝祭日」

淪陷時期，當局下令市民要在每年二十多個日本的「祝祭日」（節日），懸掛日本旗及停業，以下為部分較顯著者：

1月1日　　元旦日

2月11日　　紀元節，紀念神武天皇登位二千六百餘年。

2月20日　　總督部成立周年紀念

4月25日　　靖國神社臨時大祭

4月29日　　天長節，日皇生辰

4月30日　　靖國神社春祭，紀念日俄戰爭戰死的官兵

5月9日　　日本憲兵紀念日

10月17日　靖國神社大祭

▲ 1945年9月16日，在港督府接受日軍投降的同盟國代表潘華國將軍（左）及夏慤中將。

12月8日 「大東亞戰爭」爆發周年紀念日

12月25日 大正天皇祭及「香港攻略周年」

另外，10月10日為中華民國國慶日，是華人的公眾假期。

長洲的北帝誕於日治時代亦如常舉行。到了1945年，不准開設年宵市場及燃放炮竹，又打算廢止農曆年的慶祝，著手改變華人的悠久傳統。

1945年8月15日，東昭和通（德輔道中）與畢打街交界松原大廈（告羅士打行）的播音筒，播出日本投降的消息。在英軍未到的過渡期間，日軍仍管治香港。

8月18日，商戶及住戶懸掛中國國旗。

8月30日，夏慤中將（夏慤道以他命名）指揮的英國太平洋艦隊，重新進入香港水域。

9月16日，包括中國代表潘華國將軍在內的同盟國代表，在港督府接受港區日軍投降。

▲ 1942年2月15日，在昭和廣場（皇后像廣場）舉行慶祝星洲（新加坡）陷落的集會。

▲ 為紀念陣亡的日軍，日當局在港島的金馬倫山西面，興建一座高八十尺的「忠靈塔」，但這座未完成的紀念塔，於1947年2月26日被炸平。

約1948年的皇后像廣場，寶亭內已無維多利亞女皇像，右方可見戻達爵士像。

第五章
和平後的慶典

第五章 和平後的慶典

┃和平紀念

政府官員鍾惠霖，於赤柱集中營拘留期間，冒死設計的和平紀念郵票，被當局採納，印製一套兩枚的郵票，於1946年8月29日發行。

位於「兵頭花園」的「香港神社」於和平後即遭拆卸，而未建築完成的忠靈塔，則於1947年2月26日下午四時二十九分被炸平，灰飛煙滅。

1946年5月1日，兼任港督的夏愨中將宣布，撤銷英軍政府，恢復民政。1941年聖誕日向日軍投降的楊慕琦，復任港督。

慶祝登位鑽禧、置於皇后像廣場的維多利亞女皇像，連同其他銅像及匯豐銀行的銅獅，於淪陷時期被運往日本。1946年9月17日報載，只有女皇及匯豐

Essay for the Hong Kong 'Victory' stamp of 1945, designed by Edward Irvine Wynne-Jones.

總司理昃臣的銅像及銅獅被尋回，惟皇像右臂折斷，皇冕失去。

而於戰前鑄好,以備慶祝香港開埠百周年的英皇喬治六世銅像,於1947年8月5日運抵香港,存放於政府倉內,打算於數月內擇地安置。最終於1958年放置於兵頭花園,以補祝香港開埠百周年。

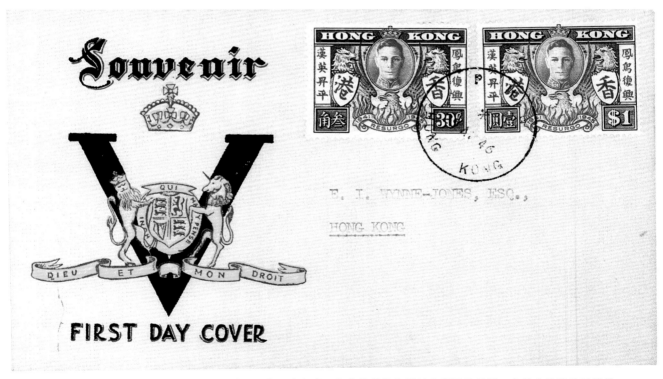

▲ 由工務局官員鍾惠霖在赤柱集中營,冒著生命危險,秘密設計的和平紀念郵票首日封,收件人是郵政司榮鍾氏,所蓋的是PMG(Post Master General),即郵政司的專用郵戳。(吳貴龍先生提供)

▲約1948年的皇后像廣場,所有銅像皆被拆去,只餘下寶亭及多個石座,包括左下方的一個。前方的兩列木平房是供多個政府部門辦公者。

▶經過遮打道與畢打街之間的警隊會操,1949年。右方是於仁行的大東電報局,左上方是郵政總局,兩部巴士之間仍可見原置干諾公爵的石座。

HIS MOST GRACIOUS MAJESTY
KING GEORGE
VI

中國國慶

▲ 泊於灣仔盧押道,慶祝中國正副總統蔣介石及李宗仁就職的花車,右方為修頓球場的經濟飯店。

1947年10月10日,為慶祝雙十節,中國外交部兩廣特派員郭德華,在寶珊道府邸舉行酒會招待外賓,出席者有港督葛量洪夫婦及一眾官員等。而往年舉行的雙十節提燈巡行,該年則不舉行。

但馬會則於10日及11日,一連兩天,舉行「雙十節賽馬」,並發售雙十節賽馬大馬票,頭獎可獲彩金四十六萬餘元。以普羅市民當時月薪二十至四十元計算,可說是巨額彩金。

雙十節賽馬於1950年起改為「廣東讓賽」。

THE HONG KONG JOCKEY CLUB
DOUBLE TENTH RACE MEETING
SATURDAY, 8TH OCTOBER, 1949.
CASH SWEEP
KWANGTUNG HANDICAP

PEAT, MARWICK, MITCHELL & CO.
TREASURERS
EXCHANGE BUILDING

THE HON. A. MORSE, C.B.E.
DR. THE HON. S. N. CHAU
J. F. MACGREGOR, ESQ.
STEWARDS IN CHARGE OF CASH SWEEPS
THIS TICKET IS ISSUED SUBJECT TO THE CASH SWEEP RULES OF THE HONG KONG JOCKEY CLUB

№ 644637
PRINTED BY THE LOCAL PRINTING PRESS, LTD.

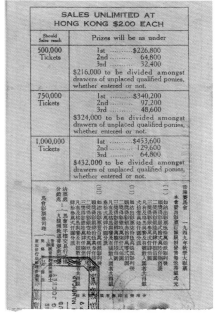

雙十節賽馬，亦即為廣東讓賽的馬票，1949年10月8日。▲ ▶

1947年11月1日，全港商界在先施公司樓上的中國酒家慶祝「商人節」。1955年的商人節，各大商業團體，如中華廠商聯合會，九龍總商會等，均盛大慶祝。

11月11日，中國國民黨港澳總支部，亦在中國酒家舉行茶會，慶祝孫中山先生誕辰。

11月20日，英國公主伊利沙伯大婚，蔣介石主席致電英皇喬治六世祝賀。駙馬蒙巴頓上尉，被封為愛丁堡公爵。

1948年5月5日，為慶祝中華民國正副總統蔣介石及李宗仁就職，港府定是日為「慶祝日」公眾假期。

各界舉辦慶祝（花）列車巡遊，港九分別於修頓球場及麥花臣球場出發。港九花車分別為九十三輛及一百二十四輛，但後來各只准二十五輛巡行。

1949年1月18日，開始拆卸於1896年興建位於遮打道正中的皇后像花崗石寶亭，以便交通。寶亭拆平後，皇后像廣場及匯豐銀行前之花園及獲利街，被闢為停車場，維多利亞女皇像則覓地安置。有提議置於兵頭花園、或歷山大廈前之三角型小廣場者。

1950年10月1日，本港各界華僑團體，分別慶祝國慶。

▲ 約1953年，位於深水埗北河街34號，「五金工業總工會」的慶祝國慶裝飾。

1955年10月1日，中國銀行的慶祝國慶裝飾。

由美利道望中國銀行，1955年10月1日，左方機旁是美利操場。

伊利沙伯二世加冕紀念

▲ 在彌敦道舉行的女皇壽辰閱兵巡行的坦克車隊，約1953年。左方為平安戲院，右方為普慶戲院屋頂的看客。

1951年6月6日，英皇壽辰閱兵，在彌敦道舉行。於平安戲院及半島酒店前設檢閱台。參加巡行的包括重型坦克車隊。

11月10日，是日為和平紀念日罌花節，為公眾假期，在街上賣罌花籌款以助殘疾軍人。

1952年5月25日，為「英帝國日」(後來改為「聯邦日」)，各學校放假一天。

8月10日，當局決定將歷盡劫難，最後修復好的維多利亞女皇像，安置於銅鑼灣填海

而成的維多利亞公園。

1952年2月8日，英皇喬治六世病逝，奉安大典日電影院日場停映，由女兒伊利沙伯公主繼位，為女皇伊利沙伯二世。1953年6月2日，為女皇加冕日，當局決定作盛大慶祝。

1952年10月27日，英國根德公爵太夫人抵港訪問。這是自1929年告羅士打公爵訪港後，首次再有皇室成員訪港。29日晚上，本港華人在石塘咀金陵酒家設宴款待。

1953年3月31日，英國瑪麗皇太后（喬治五世之皇后，瑪麗醫院以她命名）逝世，是日行奉安大典。本港海軍船塢鳴炮四十響，公立學校放假半天。

▲ 皇壽辰閱巡行隊伍經過近文明里的彌敦道，左方位於313號的淘化大同醬油公司。

為慶祝女皇加冕，港九各區蓋搭加冕牌樓，共二十三座，大部分位於各街坊福利會前，以下為蓋搭地點：

中區，干諾道中64-65號門前，近統一碼頭

西區，干諾道西63號門前，近皇后街

上環，文咸西街口，南北行公所前，由該公所蓋搭

文咸東街247號，米行商會蓋搭

文咸西街與德輔道西交界，港九潮僑蓋搭

石塘咀，皇后大道西522號，近和合街

灣仔，修頓球場內

跑鵝區，摩理臣山道

大坑，書館街及布朗街交界

銅鑼灣，電氣道及留仙街交界

北角，英皇道北角籃球場

筲箕灣，西大街兒童遊樂場

香港仔，香島道（香港仔大道）與湖南街交界

鴨脷洲，洪聖街街坊會前

赤柱，水陸居民聯愛會前

▲ 皇壽巡行，坦克車經過窩打老道與碧街之間的彌敦道，約1973年。

尖沙咀，梳士巴利道

油麻地，彌敦道平安戲院前

旺角，彌敦道618號山東街旁

深水埗，長沙灣球場門口

界限街與大埔道交界

石硤尾消防局前

紅磡，漆咸道邨架街口

九龍城，太子道近南角道與界限街交界

▲ 1953年6月慶祝女皇加冕的中環銀行區，左方為綴有慶祝裝飾的中國及滙豐銀行。

新界地方包括青山（屯門）、荃灣等地方有蓋搭。而元朗則共有九座，包括位於屏山、厦村、新界、八鄉、十八鄉，以及元朗本墟的兩座。

新界離島慶祝的有長洲、大澳及南丫。

兩座加冕紀念坊，蓋建在港島的和平紀念碑廣場，及九龍加士居道，各高五十三呎，設有旋轉球和噴水池，並裝上煤氣火炬，七天內不停連續燃燒。旋轉球上插有英國及屬地旗幟共十六面，有「天佑女皇」之英文彩色光管。

所有慶祝加冕的燈飾，由6月1日至7日，一星期內，大放光明。

裝有燈飾的建築物包括滙豐銀行、郵政總局、告羅士打行、怡和洋行、惠羅公司、消防局大廈、尖沙咀火車站、半島酒店、彌敦道電話大廈、九龍倉、平安戲院前的牌樓，以及一艘泊於維港的巡洋艦。

有多輛花車參加加冕巡遊，當中包括東華三院的三輛，其他為中華總商會、九龍總商會、保良局、南北行公所、普益商會、肉行總商會、九龍珠石玉器金銀首飾業商會以及士巴飲料公司等多個會館社團和商業機構。

▲ 慶祝加冕的旋轉球和噴水池。

▲ 滙豐銀行及皇后像廣場的加冕裝飾夜景。

加冕夜景，左方為德輔道中與畢打街交界的渣甸（怡和）行及惠羅百貨公司，右方為郵政總局。

▲ 干諾道中的加冕夜景。右方為天星碼頭。左方由左至右依次為皇后行、聖佐治行、皇帝行、郵政總局及鐵行。

▲ 裝飾有女皇御徽的中環統一碼頭（現機鐵站所在）。正中有鐘樓處是量計渡海汽車重量者。

4. QUEEN'S ROAD CENTRAL HONG KONG.

▲ 慶祝女皇加冕期間的皇后大道中，由利源東街向東望。

德輔道中20號與戲院里交界，惠羅百貨公司的加冕裝飾，1957年拆卸興建德成大廈。（德成置業有限公司提供）

▲ 6月2日女皇加冕巡遊的舞龍，經過接近史剣域道的軒尼詩道。祥利餅家與頤圓酒家所在現為依時商業大廈。

巡遊之金龍在灣仔石水渠街北帝廟「點睛」，先舞去灣仔海旁行「上水」儀式，然後舞回馬場。

金龍共有5,500塊銅製鱗片，當中約三千片可供出售，每片售港幣五元；五月中，約一半已被預訂。

元朗亦有金龍，由該地理民府官員徐家祥點睛。

程序中原有由女將軍（由明星余群英飾演），策騎一匹駿馬，作為巡遊的前驅，名為「飛報馬」，但臨時被取消。而余小姐則改為在東華三院其中一部、以「觀音坐蓮」為主題的花車上，扮演觀音。

加冕日6月2日下午二時，會景巡遊在跑馬地「起馬」（出發），途經摩理臣山道、軒尼詩道、皇后大道東（金鐘道）、德輔道中、急庇利街、干諾道中、干諾道西而至石塘咀山道散隊，行列長一英里，需時三十五分鐘。

▲ 會景花車行經軒尼詩道。左方為有線廣播電台「麗的呼聲」，所在現為熙信樓。

一座蓋搭於匯豐銀行的觀禮台上，港督及一眾官員在欣賞，金龍及醒獅等在貴賓前傾力演出。

是日萬人空巷竚看會景，是自1937年喬治六世加冕之後，十六年來又一盛事。

是晚九時，維港燃放煙花，除兩岸海旁外，不少人乘搭渡海小輪觀看。

聚居於中環九如坊街道上寮屋之大陸難民，在九如坊戲院舊址的空地上，蓋搭巨型花牌一座，祝女皇加冕，上有「中國大陸流落港九難民全體敬賀」字句。並有聯文：「加冕慶堂皇、八表同欣民主策，寄身仁壽宇、四年時切漢家台」。

6月3日會景在九龍舉行，是九龍史上的第一次。共有六十四項節目，較港島為多。巡遊在旺角警署起馬，沿彌敦道至工展會場（現尖沙咀喜來登酒店所在）。

為市民提供較佳觀賞場合，茶樓酒家大發加冕財。五十元一個卡位、八元一盅茶、

▲ 巡遊隊伍途徑皇后大道東（金鐘道）。正中美利軍營屋宇的右方，於1960年代初開闢紅棉道。

一百五十元一天租、三百元一席酒菜。金龍鱗片已售出四千片。

港九市面繁榮，燈泡耗掉五十萬個。而第二晚的煙花更加美麗。

同於6月2日，大埔有舞龍舞獅匯演，長洲則舉行會景及飄色巡遊。長洲夜間還表演舞火龍，龍身滿佈火星。還有舞蜈蚣、麒麟、瓜菜燈及漁燈等。

沙田則於晚上表演提燈。

元朗則於6月4日舉行盛大的會景，有三大龍、一小龍及十一頭麒麟。亦出現港九市區欠缺的「飛報馬」，是由一鄧姓少女騎著一棕色駿馬，由一武服馬伕牽馬前進。緊隨飛報馬之後，為大會之花牌及一對大燈籠，跟著是巡遊隊伍。

東華三院的花車，扮演坐蓮觀音的是女明星余群英。

滙豐銀行檢閱台前的舞龍表演。前中部可見昃臣爵士像。（吳貴龍先生提供）

德輔道中與畢打街交界，告羅士打行樓下，中國航空公司前的龍獅表演。

1953年6月2日，加冕夜維港兩岸的燈飾。

144

6月3日，在九龍舉行的加冕巡遊，牌樓所在為接近加士居道的彌敦道。

▲ 寶靈街與柯士甸道間一段彌敦道的舞龍。

▲ 尖沙咀九龍鐵路站的加冕裝飾，右方為舊天星碼頭。

146

▲ 巡遊花車到達中間道旁的彌敦道，右方的玫瑰酒店現為帝國酒店所在。1953年6月3日。

▲ 九龍巡遊的終點，彌敦道半島酒店旁空地，所在現為喜來登酒店。遠東車房現為遠東大廈。

蓋搭於屯門青山道（公路）的加冕牌樓。右方的鹿苑酒店所在現為鹿苑街一帶。

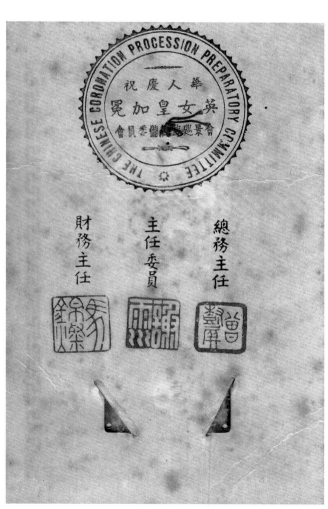

▲ 會景全龍的鱗片，紙牌上有名流謝雨川和馬錦燦的印章。▲

｜尼克遜訪港

1953年11月5日，美國副總統尼克遜（1972年訪華的總統）抵港訪問，港府鳴炮十九響歡迎。本港華資工業界人士，在石塘咀金陵酒家根德大禮堂，設宴款待。

▲ 1960年代中再度訪港，在公共屋邨表演羽毛球的前美國副總統尼克遜。

▌佐治五世公園落成

港九之英皇佐治五世公園，於1936年籌建。九龍位於佐敦道的一座，於1941年6月11日開幕，日治時期遭摧毀，和平後修復，於1954年4月21日重行開放。

至於港島的一座位於西營盤，1841年開埠初期曾駐英軍。1843年建成一海員醫院，1848年改作公立醫院的國家醫院，直至瑪麗醫院於1937年落成為止。1936年，當局決定將國家醫院的花園改作佐治五世公園，惟一直未完成。內設球場及兒童遊樂場的公園設計圖則，最後於1953年批出，1954年4月5日，由港督葛量洪揭幕。

▌第一屆「香港藝術節」

1955年3月10日，第一屆「香港藝術節」，於中區新填地愛丁堡廣場內工展會會場原址舉行，4月2日正式開幕。

藝術節內容之一為香港大學馮平山圖書館，展出古代石器、陶瓷及銅器，包括一巨型雙「F」花紋陶缸及元朝之景教十字架。

第一屆藝術節於4月24日閉幕。俟後的第二及第三屆藝術節亦是在愛丁堡廣場舉行，迄至該場地興建大會堂為止。

1955年8月17日，維多利亞女皇銅像，被放置於維多利亞公園。

建醮盛會

1955年11月19日，沙田十年一度的建醮盛會開壇，全體鄉民齋戒五日，大埔理民府官黎敦義，穿漢服長袍馬褂，主持開燈。

重要儀式為恭迎車公大元帥神像進壇。

第二日舉行「覽榜」儀式。先往兩村迎接正副覽榜。而正副覽榜則大排素筵，以招待村民及嘉賓。覽榜衣清裝長袍馬褂，戴紅色瓜皮小帽。

大量港九市民前往參觀。

1955年11月30日，錦田鄉舉行一連二十六日的十年一度建醮，第二日有二萬人往參觀，主辦方面大排齋筵款待嘉賓。

菲臘親王訪港

1959年，英皇夫愛丁堡公爵菲臘親王，於3月6至8日訪港，並帶來新的香港市徽。

為迎皇夫，蓋搭了三座牌樓，分別為尖沙咀天文台徑街坊會前、油麻地彌敦道212號街坊會前，以及九龍城街坊會前。

各界華人於6日晚上八時，假灣仔英京酒家設宴款待貴賓。當晚在場的華人名流當中，有羅文錦、周錫年及韋基舜先生等多人。

3月7日，皇夫乘開篷車巡遊港島市區，稍後，為何文田的伊利沙伯醫院行奠基禮。

訪港期間，有一段小插曲：

當時尚為海軍上尉的皇夫，在1945年訪港時，碰見一名做臨時雜工的九歲女孩何桂英。十四年後，皇夫仍有深刻印象，著警官往尋其芳蹤。幾經艱難，才將已遷往陸上的何女找到，邀往「不列顛尼亞號」艦上相會。

▲ 在九龍加士居道軍營區接受檢閱的婦女軍團，1956年。

◄ 正進行迎皇夫軍演的干諾道中。中間的皇后行稍後改建為文華酒店。其右方是聖佐治行及興建中的於仁大廈。

◄ 干諾道中軍演的另一景，左中部為一年前落成的首條行人隧道。

宋皇台碑揭幕

1959年12月28日，位於九龍城宋皇台公園內的宋皇台碑揭幕。

宋皇台，因元朝修宋史以致寫作「宋王台」，現作修正。

宋帝昺端宗曾在此駐蹕，並設行宮。

勒碑刻銘工作，由香港大學簡又文教授，及趙族宗親會主席趙聿修協助下完成。

雅麗珊郡主訪港

1961年11月3日，英女皇堂妹雅麗珊郡主訪港，為愛丁堡公爵後的另一位皇室成員訪港。學生於所經街道兩旁，列隊歡迎。中區的銀行及商行，提前於下午四時停止辦公。

郡主座駕經過皇后像廣場，當駛經獲利街一座歡迎她的新型牌樓時，仰首欣賞。是晚，維港港面大放煙花。

11月6日，港督在香港大學頒授名譽學位予郡主。她亦曾在白沙灣游泳並滑水。

7日晚上，華人在中環大華飯店歡宴郡主。而行政立法兩局議員，則在香港仔海鮮舫設宴款待。

▲ 1961年11月3日，接載訪港之雅麗珊郡主的遊艇慕蓮夫人號，正泊近皇后碼頭。

出席一醫護人員歡迎儀式的雅麗珊郡主。

▲ 蓋搭於皇后像廣場的竹棚和燈籠築成，歡迎郡主的牌樓，以及滙豐和渣打銀行的裝飾。

▌瑪嘉烈公主訪港

1966年3月3日，英國瑪嘉烈公主連同夫婿斯諾登伯爵訪港，主持「英國週」的開幕。同時亦為剛落成的海運大廈主持揭幕儀式。

為紀念公主訪港，當局將一條位於何文田新擴建完成的楠道 Nairn Road，易名為公主道。

▲ 1966年3月，香港舉辦「英國週」，由訪港的英女皇御妹瑪嘉烈公主揭幕。圖中可見滙豐銀行的裝飾。

1966年3月，瑪嘉烈公主亦為海運大廈主持落成儀式，並為正在該處舉辦的「英國貨品展覽會」揭幕。前方可見興建中的「星光行」，及其左方的「五枝旗桿」。

香港節

為標誌香港可從1967年的不穩定環境中恢復繁榮,港府曾於1969、1971及1973年的
11至12月間,舉辦三屆嘉年華會式的「香港節」。每一屆皆有表演、音樂會、各項展
覽,包括環島競步的體育運動等,為兩年一度的盛事。

▲ 為促進中環的夜市,於1968年舉辦「夜中環」活動時的德輔道中。右方的大押現仍存在。

◀ 1969年舉辦「香港節」時的皇后像廣場。滙豐銀行飾有兩象徵香港可再度「彈起」的皮球。

◀ 1969年11月，搭建於皇后像廣場的表演舞台，背景為香港會所及壽德隆大廈（右），和有多枝天線的水星大廈（左）。

皇室成員陸續訪港

1972年，英國另一皇室成員安妮公主訪港，引起另一次熱潮。

最盛大的為1975年5月4日至7日，英女皇伉儷訪港，當局舉行多項歡迎儀式，並在九龍彌敦道舉行巡遊。為慶祝女皇訪港，當局發行一套紀念郵票，以及一枚一千元面值的金幣，為香港歷來最高面值的貨幣，亦是香港的第一枚金幣。

女皇於1986年10月21日至23日第二次訪港時，香港亦發行一枚千元金幣以資紀念。

另一次引起哄動的皇室訪問，是1989年11月8日英皇儲查理斯皇子及儲妃戴安娜的駕臨，並為文化中心主持揭幕式，當局亦為此盛事發行紀念郵票。

1975年5月4日，接載訪港英女皇的車隊及歡迎人群。

1970年12月4日，訪港的羅馬教宗保祿六世。其左為到場迎接的輔政司羅樂民，右為主教徐誠斌。

▲ 在機場歡迎女皇的官紳，陪同的是港督麥理浩，正在握手的是鍾士元。

▲ 1986年10月再度訪港的英女皇與歡迎人士。

TOWN

粉嶺石湖墟新市鎮
FAN LING SHEK WU HUI NEW TOWN

居者有其屋計劃
HOME OWNERSHIP SCHEME

NEW TOWNS 新市鎮

RENTAL ESTATES OPENED
FLATS COMPLETED
HOME OWNERSHIP SCHEME ES
FLATS COMPLETED
OLD BLOCKS REDEVELOPED
FLATS COMPLETED
PEOPLE HOUSED OR REHOUSED

1982年9月，英國首相戴卓爾夫人訪港時，由房屋司廖本懷陪同，參觀新市鎮的發展。

▲ 1989年11月歡迎儀式上的威爾斯皇儲及儲妃戴安娜。左二及右二是港督衛奕信和夫人。

▲ 在西營盤德輔道西（鹹魚欄）一海味店參觀的威爾斯皇儲。

第六章
二戰後的中國傳統節慶

戰後初期，雖然生活艱苦，百廢待興，但市民慶祝節日的興致，與戰前相比，不徨多讓。

農曆正月

由年三十除夕下午四時至年初二下午四時，為許可燃放炮竹的時段，團年、初一、初二開年、開市以至初七人日，皆「大鳴大放」，若干南北行的店號單是新春期間的炮竹消費，已達三、四千元。

年初一，大都空群而出，向親朋戚友以至同業行家拜年，互相祝賀，不少南北行商在店舖前，設置「八音」樂師以歡迎拜年的賓客。

年初二為「開年」，是一年的第一個「禡期」，舉家團聚在一起，飽餐一頓以作慶祝。店舖亦十分注重，東家（老闆）與職員一齊吃「開年飯」。若東家親自用筷箸夾一塊雞，放在某職員的碗面上，即暗示該職員不獲續僱，需「另謀高就」。因此，對一眾僱員來說，開年飯是吃得戰戰兢兢的。

為方便主婦或店舖「伙頭」（廚師）採辦開年飯餸菜，各街市是在年初二凌晨兩三點鐘開市的。

1954年2月5日，農曆年初三，是日停屠，需吃素一天。是日亦為「赤口」，不宜拜年，很多人往新界郊遊，稱為「行大運」，亦有不少人往參拜沙田的車公。

2月9日，年初七為「人日」，燃放炮竹時間為上午六時至九時。

是日為「眾人生日」，很多商行設「春茗」聯歡，招待同行及朋友。九龍嗇色園赤松黃仙祠有「勝燈」三款，於大殿仙座前供信眾競投。荃灣圓玄學院亦舉辦慶燈宴及

▲ 1960年代中，旺角彌敦道瓊華酒樓的裝飾。

上元勝會等。

正月十一為住戶「開燈」的日子，此為迎接「元宵」的儀式。紮作店之「添丁燈」、發財燈、榮華燈、大利燈等，大量上市。

正月十五的「元宵」為「上元」(七月十五為「中元」、十月十五為「下元」)，正式名稱為「上元節」，又名為「天官誕」。以往，用「燈花」(燈火的形狀占卜吉凶)，演變為元宵節開燈，不少人是夜出外觀燈及猜燈謎，十分熱鬧，後來被稱為「中國情人節」。

1956年，本港有百多間紮作花燈的商號。最悠久的是1900年創設於閣麟街的「金玉樓」，另一間為1910年代開立於士丹頓街的「黃秋記」，還有一間為摩羅下街的「永昌」。花燈用竹篾及鐵線紮作，以紗紙、玻璃紙及錫紙裝幀，加上精心研製的山水人物、花卉、鳥獸蟲魚等而成。

▲ 約1965年新春期間的尖沙咀彌敦道。左方為瑞興公司，正中是北京道口的總統酒店，後來易名為凱悅酒店。

正月十九為觀音誕，俗傳觀音還有二月十九及六月十九的另外兩個誕辰日，不少善信於每一個觀音誕都往觀音廟進香，上環、銅鑼灣、紅磡、香港仔、筲箕灣及長洲等地觀音廟，均有大量善信參拜，更有擔抬燒豬及祭品往賀誕者。廟宇中以有三百年歷史的紅磡觀音廟最為熱鬧，街坊會更籌演神功戲及「木頭公仔戲」，汽車要改道而行。

正月廿六為「觀音開庫日」，典故是源於宋朝一位蔡狀元，建橋便民但欠缺經費，而獲觀音協助籌款的故事。

很多市民往廟宇向觀音菩薩「借庫」。戰前所借的數額為三數百元，到了1950年代為數萬至數十萬元。現時則為以億計了。

▲ 約1960年，蜑家艇戶的農曆年裝飾。

二戰後的中國傳統節慶

農曆貳月

二月初二為土地誕，上環太平山街水巷的「福德宮」（土地廟），最多善信。五十年代有盛大的「搶花炮」活動，十分熱烈。各廟堂亦多善男信女，稟神問卜之聲不絕於耳。有不少「土地會」的組織，每月交納會銀，到土地誕時大加祝賀。有燒豬數十頭，除花炮外，亦有旗幟賀誕，及開懷暢飲。

農曆叁月

1955年3月6日，為農曆廿四節氣的「驚蟄」，亦是農忙的開始，被稱為「社神誕」。

街頭巷尾的「社稷之神」（社公）泰山石敢當，與趙玄壇（趙公明）同受享祭。神棍用床板架疊一祭壇，上置一座尺來高的社神或玄壇偶像，前置紙紮白虎，供人拜祭以大發洋財。

不少平日忍受他人怨氣的迷信婦女，在這天去「祭白虎」和「打小人」，先用肥豬肉、豬血、芝麻、白豆、香燭紙帛等「拜社」，然後把紙剪的小人攤在地上，用屐或鞋拼命拍打，口中念念有詞。最後，將被打到

▼ 在廟宇旁舉辦的「打小人」活動，約1970年。

接近禮頓道一端之堅拿道東的驚蟄祭「祭白虎、打小人」，約1972年。

▲「移師」於軒尼詩道旁之堅拿道的「打小人」場面,約1985年。

「半死」的小人,貼在社神像上,跟著用豬血和肥肉放進紙老虎的口內,便告「禮成」。現時,拍打小人的「環節」,是由「神婆」代勞者,而活動亦於一年四季舉行,「年終無休」,不限於驚蟄日,可稱得上是「古已有之,於今為烈」矣!

1954年4月5日,三月初三,為北帝神誕,舉行三天的太平清醮,長洲舉行「還炮」及「搶炮」之迎神會,遊人擠擁。主要項目為飄色等的會景巡遊。還有擔抬多座神像巡遊,之後鬥快將神像送返各神像駐在的廟宇,名為「走菩薩」。為免引起混亂,最後改為各由警察陪同,帶回廟宇。

是晚開始「響鑼」演神功戲,值理會假「何大信酒家」設宴招待全體名伶老倌,出席的有陳錦棠、芳艷芬、梁醒波、鄭碧影、蘇少棠及黃千歲等,由值理會主席黃承業等款待。

▲ 太平清醮期間的參神信眾，約1970年。

建醮完場時舉行搶包山活動。三座高達四十多呎的包山，每座重十八噸。此外，還有六、七座小包山。包山右邊是土地、山神和鬼王的三座神像。

凌晨二時，活動開始，多座包山瞬即宛如剝脫淨盡的玉蜀黍芯。

農曆三月廿三為天后誕。

天后是水神，又名龍母，天后誕因而又被稱為「龍母誕」或「娘媽誕」。水陸市民多往內地赤灣的天后廟參拜進香。自中國政權易手，交通不便，市民改往西貢佛堂門，稱為「大廟」的天后廟。在正誕日，油麻地小輪船公司有直航小輪往佛堂門。

九龍城及長洲皆一連七日八夜，上演賀誕神功戲。

長洲太平清醮會景巡遊，約1970年。

「搶包山」的熱烈情景，約1970年。

佛堂門「大廟」（天后古廟）前的進香的信眾，約1970年農曆三月廿三天后誕辰日。

▲ 碇泊於大廟灣天后廟前的進香船隻，約1970年。

農曆肆月

1954年四月初八,筲箕灣祝譚公誕,在金華街海旁搭棚演戲,請來「新艷陽劇團」,由任劍輝、盧海天、靚次伯、芳艷芬及鄭碧影等演出。

1956年6月6日,農曆四月廿九,為「神農誕」,東華三院及藥材行,均有慶祝節日。

▲ 梅窩白銀鄉文武二聖古廟開光儀式,主禮人為理民府官鍾逸傑。

▲ 新界節慶迎神儀式的儀仗和花炮（右），約1965年。

▎農曆伍月

拜祭關雲長的關帝誕有兩個，一為農曆五月十三，為「關帝飛昇誕」及「關平誕」，因父子兩人於同日遇害。但社團則多數於六月廿四的另一個誕辰日奉祀。

農曆五月初五為端陽節，港九新界包括西環、香港仔、赤柱、筲箕灣、油麻地、沙田及大埔等地，皆有龍舟競渡。不少人往海灘「游龍舟水」。各茶樓推出糉子應節，旺角瓊華酒樓以「邊個話我傻（與糉字相似）」作銷售招徠。

▲ 為龍舟點睛的道士，約1960年。

▲ 約1960年，在西環域多利道鐘聲游泳場舉行賽龍舟的情景。

▲ 瓊華酒樓借「糭」與「傻」字形相近作促銷口號。*(陳創楚先生提供)*

農曆陸月

1957年7月10日，農曆六月十三，為魯班誕辰，各建築行業及有關的社團店號，紛紛舉行慶祝及歡宴。包括泥水、造木及搭棚等建築三行工商人士皆休假誌慶，店舖門前張燈結綵，不少坊眾往三行建築店舖領取「師傅飯」。

有四十多年歷史的西環青蓮台（羲皇台）的魯班先師廟，每年此際，皆有大批三行公私團體及個人，備辦三牲祭品，往賀先師寶誕。

農曆柒月

1956年8月11日，是七月初六乞巧節，又名女兒節、雙星節及七姐誕，未婚少女，由初六至初九深夜止一連四日，有熱鬧的「拜七姐」活動。節目包括，陳列脂粉化粧品及水果，高燃香燭，穿著新裝，聯群結隊看電影或觀劇。

▲ 盂蘭節木頭公仔戲後台，約1965年。

港九包括西營盤、中環、灣仔、旺角及油麻地等區的瓜菜婦女小販，及各業之工廠女工皆舉辦七姐會，集資慶祝。

嘉咸街是「第二個中環街市」，賣菜姑娘每年均辦七姐會，在與結志街交界處高掛一綴以電燈的大型七姐盆（又名梳粧盆），並有演唱女伶助興。

灣仔街市附近，亦有一群小販婦女組成名為「淑英肖弟姊妹會」的七姐會，每人每月供六元。到了七姐誕，每人可獲「竹紗」唐裝衫褲一套及現金十五元，還有燒肉等食品，又大排筵席及請女伶唱曲。

▲ 約2005年,卅間(士丹頓街)盂蘭勝會的超幽道場。

▲ 在干諾道西舉行的三角碼頭盂蘭勝會,祭壇的入口,約2000年。

在「拜仙」儀式中，須用線穿一「乞巧之針」（古時是穿七孔針），相傳穿得最快者可快獲如意郎君。

拜祭用的七姐衣是因時代而不同。1950年代有短袖窄身的女子旗袍（長衫）。

「主角」的梳粧盆用七色紙製成，內容包括牛郎織女、銀河鵲橋圖案，還有酒杯、鏡子、梳、胭脂水粉等。近年則加上唇膏。

至於「七姐果」（拜仙果）則為：龍眼、楊桃、石榴、紅棉（蓮霧）、菱角、白欖、油柑子、五味子、鳳眼果及七姐秧等。

傳說中，七夕夜例有細雨（有一說為粉），據說是牛郎織女的「情淚」，又說用此「七夕水」洗滌瘡疥，可快痊癒。

1954年8月12日，為七月十四盂蘭節，俗稱鬼節。家家戶戶均於是日或之前燒衣祭幽，舉行水陸道場以超渡亡魂，並且焚燒衣紙，大撒金錢。燒衣後，劏雞殺鴨以祀鬼神，但以鴨為多。

▼ 渣甸橋東邊街，設於干諾道西的盂蘭勝會祭壇入口，約2009年。

▲ 約1987年，九龍城盂蘭勝會的會場。

而潮籍人士的盂蘭中元節施孤超幽，是由七月初九起，分區舉行。最先是香港仔，跟著是鴨脷洲、老虎岩（樂富）、三角碼頭、尖沙咀、東邊街渣甸橋，以及深水埗長沙灣道，每區一連舉行三天。

七月十九，東邊街渣甸橋（正街碼頭）之盂蘭建醮超幽開始，於廿一晚完壇。

而三角碼頭之潮僑街坊之超幽則於廿一日開始，隆重舉行誦經拜懺，施放餓口。法事之醮壇，設於皇后街與干諾道西交界的地段，蓋搭有經壇、醮壇及神座的大小棚座共七座。

並陳列龍袍、龍冠、金銀衣紙冥鏹，與及由各商戶捐贈，分派予區內孤寡及貧苦大眾的各種食品和日用品，分派時，有數千坊眾排隊，要出動警員維持秩序。

同時，大小艇戶亦絡繹舉行燒幽，由機利文街的敵產（港澳）碼頭，迄至文華里大業碼頭間的一段干諾道中，設置醮壇，遍懸旗幟。

中上環另一熱鬧盂蘭勝會地點為「卅間」（士丹頓街，因有富商在此一口氣購入三十座唐樓而得名），商戶及住戶皆張燈結綵，懸掛旗幟，亦上演粵劇和由女伶唱曲。

約1970年，一盂蘭勝會會場的情景，可見一「分衣施食」的紙紮「鬼王」。

▌農曆捌月

一個月後的中秋節是「大節」，充滿團圓和歡樂氣氛。1950年代不少人在三四層高的舊樓天台賞月。有車階級則往港島的山頂及淺水灣，以及新界的沙田酒店及青山酒店等處。亦有前往滿布節日裝飾的荔園遊樂場。

1957年10月8日為閏八月十五，是年內的第二個中秋節，五十多年才有一次。部分餅家則多送一盒月餅予「月餅會」客戶。

1955年10月3日，農曆八月十八，是發明釀酒之杜康的誕辰，酒業商會之會員酒房、店舖和全體工人，休息一天。

▲ 赤松黃仙祠的參拜信眾，約1975年。

1954年9月23日，八月廿七，祝孔聖誕，在加路連山道孔聖堂舉行。採用古代祭禮，禮生穿古裝。部分商號休假，並懸掛燈籠以資紀念。是日又名「教師節」。

中環永安街（花布街），亦有隆重的慶祝儀式。

孔子誕辰日有三日，歷定為農曆八月廿七。1933年國民政府為廢除舊曆，改為陽曆8月27日。到了1952年，台灣政府則定為陽曆9月28日（推算是日為魯襄公二十二年，即公元前551年農曆八月廿七）。

▲ 中秋期間，旺角瓊華酒樓及龍鳳茶樓耀目月餅燈飾，約1965年。

農曆拾貳月

1955年1月9日，農曆十二月十六「尾禡」，位於灣仔分域街與柯布連道間一段告士打道，舉行港島年宵市場。以及，旺角豉油街至奶路臣街間一段西洋菜街和一段花園街，則舉行九龍年宵市場，攤位於尾禡日起准許蓋搭。

另一港島年宵市場為上環蘇杭街、文咸東街及禧利街一帶。

到了1960年，港島的年宵市場，開始設於維多利亞公園。

1956年2月4日，是年廿三謝灶日，亦為元朗墟墟期，農產品牲口交易暢旺。不少市區人士往購便宜雞鴨及花卉。

▲ 西貢區農展會的大門口，1962年。

十二月廿九為新界的最後墟期，俗稱「墟王」。

市區人士亦擁往德輔道西「鹹魚欄」，採購海味、乾果及臘味等「年貨」。

年廿八，酒樓茶室員工休息，南北行商亦收市。過往，不少南北行商的員工，是隻身由內地來港工作者。在年假期間（或清明節）才回鄉與妻子溫存，被稱為「種薑」。因為第二年歲末，妻子誕下麟兒，擺「薑酌」（滿月酒）歡宴親朋，是為「種薑」名稱的緣由。

▲ 元朗區的節慶舞龍，約1980年。

在大埔舉辦的會景巡遊，約1980年。

第七章
工展會今昔

早期名為「國貨展覽會」的工展會，於每年的聖誕節前後舉辦，為一展覽和購物嘉年華，吸引到數以百萬計的市民，和專程來港的遊客參觀，是每年的一大盛事。

勸業陳列所

香港最早的「工展會」，是1909年由開設於中環德輔道中25號，現安樂園大廈所在的「香港嶺南工業研究社」，在該社舉辦的「勸業陳列所」，於1909年9月23日開幕。

標榜「所陳列各品，俱為改良精選，鬥異爭奇，非尋常一家展覽可比」。並呼籲「研究實業者，務請到場參觀、指教。」

該展覽會的發起人為著名廣州畫師何劍士及傅壽宜等。並由何氏及多位畫師擔任該社改良製品的繪圖，並設一與此相關的「美術展覽會」。（這是香港早期的產品美術設計展覽。）

1910年2月，上述之展覽再度舉辦。

工展會前身──國貨展覽

1931年4月9日，德輔道中先施公司，在地下舖面全層，舉辦「國貨展覽」，這是國貨展覽的先驅。

▲ 1949年，在彌敦道與梳士巴利道間舉行的，第七屆中國貨品展覽會的入口大門樓。

1937年12月31日，本港女青年會聯合男青年會，組成一「倡用國貨團」，並與香港廠商聯合籌辦一「國貨展覽會」，於「鐵崗」（己連拿利）聖保羅書院舉行，於1938年農曆元旦（2月4日），由羅旭和剪綵開幕。

參展商有淘化大同、二天堂藥廠、周藝興織造廠、中發食品、祥發罐頭廠、百家利和三鳳化粧品廠等廠商共計六十家。

展期為一天，於當晚九時閉幕。

第二屆國貨展覽會，於1939年2月19至22日（農曆年初一至初四）舉行，地點為旺角彌敦道華南中學校，參展廠商攤位共一百二十八個。

第三屆國貨展覽會，由中華廠商聯合會主辦，位於灣仔唹（峽）道（現皇后大道東），與摩理臣山道交界之曠地（現伊利沙伯體育館所在），於1940年2月5日，由羅旭和剪綵開幕。

▲ 由皇后像廣場東望紀念碑和香港會所，1954年。左方可見在愛丁堡廣場舉辦，第十二屆工展會的大門樓，會場於1957年起興建大會堂。

參展商包括安樂園、二天堂藥廠、中原電器行、老介福綢緞莊、日昇電筒廠、百吉食品公司、隨園食譜及大華鉛筆廠等百多家。

會場亦展出中國、中央、交通及農民銀行的鈔票。

第四屆國貨展覽會，於1940年12月22日開幕，地點為彌敦道「半島花園廣場」（現喜來登酒店所在）。由國民政府主席林森題字，代理港督岳桐剪綵。

全場有二百多個攤位，共展覽十二天。亦發售十二天均可通用的全期入場券，每張五毫。

展場共有八條「街」，用孝、悌、忠、信、禮、義、廉、恥來冠名。正門面向一條「中正路」，路的盡頭處有一高二十尺的蔣委員長像。

此外，於1941年5月21日，有一「國貨陳列所」創設於皇后大道中8號二樓。

「工業合作」嘉年華會

本港名流為籌款協助發展「中國工業合作社」事業，並紀念「工業合作」成立三周年，在港島加路連山道海軍球場舉辦「工業合作」嘉年華會，於1941年11月11日下午五時開幕，由孫中山夫人宋慶齡女士剪綵，會期為廿一天。會場內設有由菲律賓運到，包括飛行列車、飛船、鐵甲車等遊藝機器。

會場展出包括康元製罐廠、天廚味精、大華鐵工廠、中國國貨公司及中國植物油料廠等機構的產品。

開放時間為上午十時至晚上十時。入場費為日場一毫、夜場二毫。

而第五屆國貨展覽會，定於一個月後的12月20日聖誕節前，由港督楊慕琦主持開幕，地點亦為半島花園廣場。廠商已紛紛認定攤位，一切已準備就緒。但因日軍侵略香港，展覽終無法舉行。

二戰後的工展會

二戰和平後的1948年6月5日，由青年會主辦之「香港工商出品展覽會」，在必列者士街該會內舉行，參展商包括康元製罐廠、振興糖果廠、馮強膠廠、吧島蝦片廠、中華漆廠、中華汽水廠、香港火柴廠、益豐搪瓷廠（金錢牌水壺）及保良局（保良牌毛巾）等共五十二家。

10月8日，澳門舉辦首屆國貨展覽，在南灣遊樂場蓋搭攤位。但澳當局不准在展場售物，港商蝕本撤退。

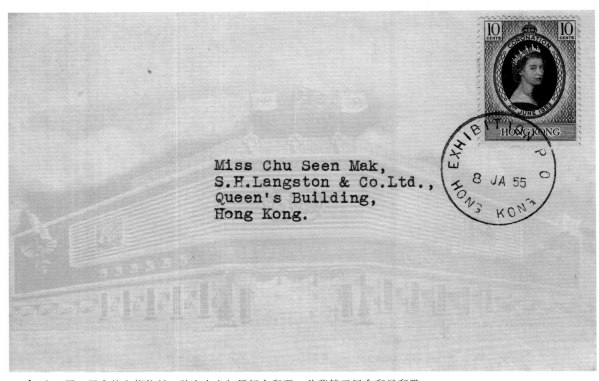

Miss Chu Seen Mak,
S.H.Langston & Co.Ltd.,
Queen's Building,
Hong Kong.

▲ 十二屆工展會的宣傳信封,貼有女皇加冕紀念郵票,並蓋銷工展會郵局郵戳。

戰後首次舉辦的第六屆國貨展覽會,於1948年12月16日開幕,由港督葛量洪剪綵。地點為尖沙咀以前的場地,展期十八天,入場費二毫。當局宣揚國貨展覽會,亦肩負推廣香港旅遊事業的任務,故廣發請柬予世界各地的廠商和貴賓。

首日出席者包括何東爵士及影后胡蝶。

麗的呼聲有線廣播電台在展場內設一別緻的客廳,宣傳其即將開始的廣播,並播出該台獨有的音樂。

淘化大同醬油廠舉辦糖薑小姐及糖薑姑爺選舉。

俟後的第七屆至第十一屆的國展會,皆在同一場地舉辦。

第八屆國貨展覽會的參展廠商,有包括利工民織造廠、開達實業公司、鼎大金屬製品廠、唯一水壺廠、上海梘廠、安樂汽水、安樂園、南洋兄弟煙草公司、陳春蘭茶莊、唐拾義藥廠、美珍醬園、新中華刀剪廠、以及多間象牙廠共二百八十三個攤位。

1951年起的第九屆，易名為「香港華資工業出品展覽會」，於12月14日開幕，由港督主持切開一代表第九屆的九層高禮餅。

1952年的第十屆，首次舉辦工展小姐選舉，冠軍為寶源公司之陳孟莊。除工展小姐外，還有內衣小姐、皮草小姐、毛巾小姐及雪糕小姐。

1953年的第十一屆工展小姐選舉，因有不少小姐與評判退出，而宣告「胎死腹中」，而改為選舉「慈善小姐」，由白花油小姐區明珠當選。

▼ 第十三屆工展會大門樓，所在現為大會堂高座，1955年。

1954年的第十二屆工展，改在中區新填地（現愛丁堡廣場所在）舉行，於12月17日開幕，首日有二萬五千多人入場。往後1955年的第十三屆、1956年的第十四屆皆在該處舉行。

1955年，曾有外（西）商要求參展，為保「華資」二字而遭反對。該屆的眾多參展廠商當中，有一間「長江公司塑膠廠」。

中區新填地因闢建愛丁堡廣場和大會堂，1957年第十五屆起的工展會，恢復在尖沙咀舉辦，12月14日，由港督葛量洪，最後一次主持剪綵。停辦了四屆的工展小姐選舉，於本屆復辦，用入場券作選票。

第十八屆起的工展會，移師港島現金鐘區夏慤道旁的海軍船塢舊址舉辦，於1960年12月6日開幕。有一大門樓設於干諾道中與美利道（現和記大廈所在）交界。

第十九及二十屆，仍在該處舉行，但自1961年起，取消「華資」二字，不少外商機構參展。

第十九屆的工展會場，於1961年12月8日發生大火，現代化「火箭型」的入口大門樓，連同大部分攤位，皆被焚毀。緊急復修後再度開放，展期亦因而延長。

1963年起，工展會改在紅磡新填地，現海底隧道出入口處舉辦，直至1960年代末。為興建海底隧道，移往港島灣仔新填地，現「中環廣場」一帶的地段舉辦，迄至1973年的第三十一屆為止。俟後，停辦了超過二十年。

直到1994年，才在會展中心室內，舉辦了一屆。

數年後，在添馬艦廣場（現政府總部所在）恢復舉辦露天的工展會。到了二十一世紀初，遷往維多利亞公園舉辦直到現在。

工展會特色

▲ 鱷魚恤攤位的工展小姐，約1964年。

1950年代，普羅市民對「門禁森嚴」的大百貨公司，仍是「自慚形穢，望而卻步」的日子，一年一度，只花二毫入場費，而可入場任意瀏覽，評頭品足的嘉年華式工展會，深受普羅大眾的歡迎。每年的總入場人數達二、三百萬，可以說是「全民參與」。

會場內受歡迎的產品有食物、藥油、衣物、牙刷、雨傘、鋁、銻及塑膠器皿、水桶以至衣車等。一元五瓶包括蠔油等的調味品，幾乎是人手一袋，滿載而歸。

無論「王老五」或「伯父」，用十元八塊購一恤衫，由千嬌百媚的攤位小姐，親手「度領」（頸），可近距離「一親芳澤」，因此槍牌、葉牌、鱷魚及依人等的恤衫攤位，往往是最多人流者。

全盛時期的工展會，場內有十三、四條街道，萬頭躦動，擠迫不堪，往往導致大量小朋友及情侶「走失」或「甩拖」。因此「某某小朋友的家長，請到大門口辦事處」或「某某小姐或先生的朋友，請到大門口」的現場廣播，一直響個不停。

孩子們對逛工展亦興緻勃勃，因為他們的「恩物」，如雪糕、蝦片、牛肉乾、糖果等，應有盡有，臨近聖誕，還有一種「士的糖」供應。

此外，還有鐵皮及塑膠玩具，包括「沖涼鴨」，還有：爬雲梯的馬騮，會走和跳的上鍊鐵皮玩具小雞和青蛙等。

1950年代後期，包括邵氏和電懋的兩間電影製片廠，在會場蓋搭龐大的「影樓」，放映試片，並有旗下的紅星亮相，星光熠熠，聚集大批影迷。

而麗的呼聲及香港電台亦於展場內設置直播的攤位。

1960年代，匯豐、渣打及恒生銀行，在工展會內設置陳列館，展出其歷來發行的鈔票，及中國錢幣，令市民大開眼界。

紅磡工展會，約1965年，所在現為海底隧道的出入口。

百年歷史 再現眼前

《百年香港中式飲食》$98

百年滋味
無窮回味

收錄了過百張珍貴的古舊相片，最舊的相片更追溯至1890年，將香港百多年的飲食文化完全呈現，同時親身見證香港各大街小巷的變遷！

《百年香港華人娛樂》$118

百年娛樂
隆重登場

圍繞香港百多年來華人的娛樂，當中包括開埠至今仍然活躍於香港的粵劇大戲、以及影畫戲/電影等。

鄭寶鴻
【百年香港】系列

《百年香港慶典盛事》

作者:　　　　　鄭寶鴻

出版經理：　　　馮家偉

執行編輯：　　　Gary

美術設計：　　　Ali

出版：　　　　　經緯文化出版有限公司

　　　　　　　　觀塘開源道55號開聯工業中心A座8樓25室

電話：　　　　　5116-9640

傳真：　　　　　3020-9564

電子郵件：　　　iglobe.book@gmail.com

網站：　　　　　www.iglobe.hk

港澳發行：　　　聯合新零售（香港）有限公司

電話：　　　　　852-2963-5300

台灣地區發行:　 大風文創股份有限公司

電話：　　　　　886-02-228-0701

國際書號：　　　978-988-75929-4-5

初版日期：　　　2014年6月

第二版日期：　　2022年6月

定價：　　　　　港幣148元　　　台幣539元

iGLOBE PUBLISHING LTD.

Rm 25, 8/F, Blk A, Hoi Luen Industiral Ctr., 55 Hoi Yuen Rd., Kwun Tong, HK

PUBLISHED & PRINTED IN HONG KONG